COLEÇÃO  **ESSÊNCIA CRISTÃ**

HERNANDES DIAS LOPES
IGREJA, CORPO VIVO DE CRISTO

hagnos

©2020 Hernandes Dias Lopes

Revisão
Andrea Filatro

Capa
Douglas Lucas

Diagramação
Catia Soderi

1ª edição - Janeiro de 2020

Gerente editorial
Juan Carlos Martinez

Coordenador de produção
Mauro W. Terrengui

Impressão e acabamento
Imprensa da Fé

Todos os direitos desta edição reservados para:
Editora Hagnos
Av. Jacinto Júlio, 27
04815-160 - São Paulo - SP - Tel. (11) 5668-5668
hagnos@hagnos.com.br - www.hagnos.com.br

Dados Internacionais de Catalogação na Publicação (CIP)
Angélica Ilacqua CRB-8/7057

Lopes, Hernandes Dias
  Igreja corpo vivo de Cristo / Hernandes Dias Lopes. — São Paulo : Hagnos, 2020.
  140 p.

  ISBN 978-85-7742-258-6

  1. Igreja católica 2. Eclesiologia 3. Cristianismo – História 4. História eclesiástica I. Título

19-1152   CDD 262

Índices para catálogo sistemático:

1. Igreja católica : Eclesiologia

Editora associada à:

DEDICATÓRIA

Dedico este livro ao meu irmão e amigo, Arival Dias Casimiro, pastor da Igreja Presbiteriana de Pinheiros, São Paulo. Homem de Deus, pastor de almas, plantador de igrejas e companheiro de ministério.

SUMÁRIO

Introdução   7

❏ PARTE 1 — INTERVENÇÕES DE DEUS NA HISTÓRIA   11

Capítulo 1 — A igreja perseguida   15
Capítulo 2 — A igreja no poder   25
Capítulo 3 — A igreja reformada   33
Capítulo 4 — A Contrarreforma   45
Capítulo 5 — O reavivamento da igreja   55

❏ PARTE 2 — RELACIONAMENTOS SAUDÁVEIS NA IGREJA   63

Capítulo 6 — O que a igreja não é   69
Capítulo 7 — Importância dos relacionamentos saudáveis para o crescimento da igreja   73
Capítulo 8 — Perigos para o desenvolvimento de relacionamentos saudáveis   79
Capítulo 9 — Como desenvolver relacionamentos saudáveis   87

❏ **PARTE 3 — UMA IGREJA ACOLHEDORA**   **101**

Capítulo 10 — Agir como um corpo   111
Capítulo 11— Somos uma família   123
Capítulo 12 — Uma comunidade que cura   131

INTRODUÇÃO

Tenho a grande alegria de apresentar aos nossos leitores esta preciosa obra, IGREJA, O CORPO VIVO DE CRISTO. Trata-se de um texto objetivo, claro, direto e abençoador. Nosso objetivo é despertar seu coração para ver o agir de Deus na história e o que devemos fazer hoje para que a igreja seja uma agência do Reino de Deus na terra.

Uma igreja viva é fiel ao Deus fiel. É submissa à Palavra de Deus. É obediente à grande comissão. É amorosa nos relacionamentos. É dinâmica em sua agenda e adora a Deus com entusiasmo. Embora sejamos devedores ao passado, não podemos viver no passado. Precisamos ser hoje uma igreja fiel e relevante, bíblica e ao mesmo tempo contemporânea. Precisamos pregar o antigo evangelho ao homem contemporâneo. Precisamos do poder do Espírito para vivermos em novidade de vida e fazermos discípulos de todas as nações.

Espero que seu coração seja inflamado com esta leitura!

Hernandes Dias Lopes

PARTE 1

INTERVENÇÕES DE DEUS NA HISTÓRIA

Do Salmo 44, vamos atentar incialmente apenas para o versículo 1:

Ouvimos ó Deus, com os próprios ouvidos, nossos pais nos têm contado o que outrora fizeste em seus dias.

Nesta parte do livro, vamos retomar juntos a história do cristianismo. Creio que essa é uma prática do povo de Deus: ao longo dos anos rememorar os grandes feitos de Deus.

Alguém já disse acertadamente que aqueles que não aprendem da história são destinados a repetir os seus erros. A história é nossa pedagoga ou nossa acusadora.

Então peço que você esteja atento, pois creio que essa palavra é pertinente para os nossos adolescentes, jovens estudantes que passam pela escola e estudam essa matéria. E não apenas porque é uma matéria acadêmica, mas porque ela fortalece a nossa fé e enleva o nosso espírito. Ensina verdades e princípios magníficos de Deus.

CAPÍTULO 1

A IGREJA PERSEGUIDA

A IGREJA PERSEGUIDA ❑

No livro de Atos dos Apóstolos, que é o primeiro livro da história da igreja, o Senhor Jesus Cristo traça o que poderíamos chamar da agenda do Reino de Deus (At 1.8):

Recebereis poder ao descer sobre vós
o Espírito Santo e sereis minhas
testemunhas tanto em Jerusalém
como em toda a Judeia e Samaria
e até aos confins da terra.

Note que o livro de Atos está distribuído dentro desse programa de Jesus. Em Atos 1 a 7, o evangelho alcança Jerusalém; em Atos 8, o evangelho alcança Samaria. Embora esteja na Palestina, já alcança um povo que não é puramente judeu. A partir do capítulo 9, o evangelho chega a Damasco, capital da Assíria. E, a partir do capítulo 13 do livro de Atos, observe a iniciativa da igreja de cumprir a última parte do calendário de Jesus, que é chegar aos confins da terra.

Nos capítulos 13 e 14, Barnabé e Saulo saem para a primeira viagem missionária chegando à região da Galácia e alcançando Antioquia da Pisídia, Perge, Derbe e Listra. Onde passam, eles estabelecem igrejas, ordenam presbíteros e confirmam os novos crentes.

Na segunda viagem missionária, nos capítulos 15.36 a 18.22 de Atos, a Bíblia registra que Paulo queria ir para Ásia, e Deus diz que ele precisava entrar na Europa. Então o apóstolo se dirige à Europa e começa estabelecendo igrejas em Filipos, Tessalônica, Bereia, Atenas e Corinto.

Na terceira viagem missionária, nos capítulos 18.23 a 21.16 de Atos, Paulo se estabelece em Éfeso, cidade mais importante da Ásia Menor, onde permanece durante três anos pregando noite e dia o Reino de Deus.

E, então, em Atos 27 e 28, Paulo chega a Roma, a capital do império, mesmo como prisioneiro, mas lá já estava existindo uma igreja estabelecida. E de Roma Paulo escreve cartas dirigidas às igrejas de Éfeso, Filipos, Colossos e também algumas cartas pastorais.

Nesta caminhada da igreja, encontramos marcas profundas de avivamento espiritual. A igreja cristã nasceu sob a bandeira da ação poderosa do Espírito Santo. Em Atos 2, a Bíblia registra que, quando Pedro começa a pregar um sermão cristocêntrico, a multidão até então cética, a qual censurava o fato de os discípulos serem cheios do Espírito Santo e deles zombava, tem o coração quebrantado pelo poder do Espírito Santo. E o apelo não parte do pregador para o auditório, mas do auditório para o pregador. A Bíblia diz que cerca de 3 mil pessoas se converteram a Cristo e foram batizadas no início da igreja em Jerusalém.

Quando a igreja chega a Samaria, vemos sinais evidentes novamente da intervenção de Deus. Porque, quando o diácono Filipe chega lá, a multidão se alegra ao ver e ouvir as grandes maravilhas de Deus. E a Bíblia diz que Filipe o diácono começa a pregar com poder, a realizar grandes milagres; e ele pregava aos ouvidos e também pregava aos olhos.

Chegando Paulo à cidade de Éfeso, na terceira viagem missionária, há sinais claríssimos de uma intervenção gloriosa do Espírito Santo de Deus. Porque naquela cidade que era sede do culto a Diana e na qual ficava uma das sete maravilhas do mundo antigo, o apóstolo Paulo confronta a idolatria e desestabiliza o comércio dos ídolos. Diz a Palavra de Deus que a multidão vinha denunciando publicamente as suas obras, queimando em praça pública os seus livros de ocultismo. E a Bíblia registra que, a partir de Éfeso, o evangelho percorre a Ásia Menor, e ali a Palavra de Deus crescia e prevalecia.

Dessa maneira, em algumas décadas, a igreja primitiva penetrou como fermento em toda camada do Império Romano. Até então, a perseguição era religiosa, judaica. Mas um fato acontece no ano 64 da era cristã, logo no começo do reinado de Nero, que começara em outubro de 54. Dez anos depois, no início do seu governo, Nero, em sua loucura insana, põe ele mesmo fogo em Roma. Dos 14 bairros da grande cidade de Roma, que naquela época tinha 1 milhão de habitantes, 10 são destruídos pelas chamas; como os 4 bairros que não foram devorados pelas chamas eram densamente povoados por cristãos e judeus, Nero encontra um bom álibi para colocar a culpa nos cristãos. Esse homem foi tão mau que matou a mulher e a mãe. Ele foi deposto pelo Senado Romano em 68 e, depois de deposto, entrou em desespero e se suicidou.

O célebre Tito Vespasiano no ano 70 cercou a cidade de Jerusalém em cumprimento da profecia de Jesus aos discípulos, ao olharem para a beleza do templo: *Não ficará pedra sobre pedra* (Lc 21.6). Pois Tito Vespasiano cercou a cidade, cortou o fornecimento de água e de alimento, e a multidão que estava dentro dos muros passou a sofrer mais do que aqueles que tentavam escapar e eram devorados pela espada. E então Tito Vespasiano quebrou as muralhas, derrubou o templo e massacrou os habitantes. Aqueles que escaparam da espada foram vendidos nos mercados como mercadoria barata, e aconteceu então a dispersão dos judeus, que só será revertida em 1948.

Foram mais de 1.800 anos de dispersão do povo judeu. Esse mesmo imperador, Tito Vespasiano, é o homem que vai construir o Coliseu Romano, que numa festa de cem dias de inauguração leva mais de 10 mil cristãos ao martírio – sendo eles devorados pelos leões esfaimados da Lívia, pisoteados por touros enfurecidos e muitos deles enrolados em peles de animais para serem devorados pelos cães.

Domiciano sucede Tito Vespasiano, do ano 81 ao ano 98, universalizando a perseguição. É o primeiro imperador que arroga para si o título de senhor e deus. E, no futuro, é ele quem vai banir João para a ilha de Patmos, de onde apóstolo escreve o livro de Apocalipse. Foi nesse período que se intensifica, também numericamente, o martírio dos filhos de Deus.

Mais tarde, Marco Aurélio, imperador no ano 161, promoverá uma perseguição brutal e sangrenta. Três martírios chamam a atenção nesse período. O primeiro deles é da viúva chamada Felicidade. Cristã e com sete filhos, essa mulher cristã foi denunciada ao prefeito de Roma e levada às autoridades; tentaram fazer com que ela negasse sua fé, ao que ela retrucou bravamente diante de seu inquiridor: "Viva, eu te vencerei". E então o seu inquiridor disse: "Eu te mato". E ela replicou: "Morta, eu te vencerei ainda mais". Mataram os sete filhos dessa mulher diante dos seus olhos. Depois de presenciar os assassinatos, ela deu graças a Deus pelo privilégio de ter sete filhos com coragem de morrer pelo

Senhor Jesus. A seguir, ela também foi decapitada após grande suplício e sofrimento.

Depois de Felicidade, foi morto Justino Mártir, um dos grandes pais da igreja, e em seguida foi morta uma escrava chamada Blandina. Essa mulher teve tamanha coragem, tamanha determinação, tamanha perseverança nos seus sofrimentos que os seus algozes ficaram desesperados e intimidados diante da sua bravura. Esfolaram-na, jogaram-na para as feras, ela foi chifrada por touros enfurecidos, colocaram-na em uma chapa quente. Depois de tantas torturas, mesmo assim, ela abria a boca para glorificar o seu Senhor. Então silenciaram a sua voz, decapitando-a.

Logo depois vem Sétimo Severo, que também perseguiu implacavelmente os cristãos. Foi nesse período que uma mulher da nobreza romana chamada Perpétua foi levada diante dos seus inquisitores para que negasse a sua fé. Ela foi presa grávida, mas mesmo assim se propôs morrer pelo Senhor Jesus. Quando os seus algozes a viram sofrendo e se contorcendo, gemendo de dores para dar à luz na prisão, disseram a ela: "Se você está sofrendo e se contorcendo e gemendo de dor para dar à luz, imagine o que vai acontecer quando for jogada às feras". E ela respondeu: "Agora a minha dor é só minha. Quando vocês me lançarem às feras a minha dor será também do Senhor Jesus, e Ele me capacitará para passar pelo martírio".

No ano 249, levanta-se o imperador Décio. Esse homem entendeu que a única maneira de manter o império romano unido era cultivar a adoração ao imperador. E ele então fez sua grande campanha para que os cristãos abandonassem a fé e se voltassem para a adoração ao imperador. Na verdade, ele não queria mártires; ele queria apóstatas. Mas a igreja cristã prosseguia sólida, firme e resoluta na sua posição de não se render às pressões.

Foi então que levantou o pior de todos os algozes: Diocleciano, no ano 303. Na sua loucura e fúria contra a igreja, o primeiro ato de Diocleciano foi mandar matar os líderes e prender os outros. Ele mandou confiscar e queimar os livros cristãos, dando uma ordem a todo o império de que aqueles que recusassem se curvar diante do imperador e adorar os deuses de Roma seriam mortos inapelável e implacavelmente. Foi o maior banho de sangue daquela época.

CAPÍTULO 2

A IGREJA NO PODER

Caro leitor, a igreja do Senhor Jesus jamais pode ser destruída por causa da perseguição. O pai da igreja, Tertuliano, disse que o sangue dos mártires é a sementeira do evangelho. Nunca, em lugar nenhum, a igreja de Deus foi destruída por causa da perseguição. Quanto mais se persegue a igreja, mais ela cresce.

Dessa maneira, o ano 311 é uma guinada completa no rumo dos acontecimentos. O imperador Constantino, em uma experiência mística que teve em batalha, viu um sinal no céu. E nesse sinal ele viu uma cruz. E nessa cruz então ele viu escrito nas nuvens, segundo seu entendimento: "Com esse sinal vencerás". Então mandou imprimir nos seus escudos e nas vestes dos seus soldados o sinal da cruz. Como ganhou aquela batalha sobre a ponte Miopio, ele se declarou cristão, e no ano 313, pelo Edito de Milão, cessou a perseguição à igreja cristã.

A partir daí, a igreja cristã, antes perseguida, é declarada a religião oficial do Império Romano. Coisas boas aconteceram. A primeira delas é que a igreja deixou realmente de ser perseguida. A segunda é que agora os cristãos que haviam tido os bens confiscados agora tiveram os bens devolvidos. Os cristãos que se reuniam clandestinamente nas casas e nas catacumbas de Roma agora podiam se reunir publicamente, e o próprio Estado começou a construir grandes templos para a reunião dos cristãos.

Porém, um fato dramático e muito negativo decorre desses acontecimentos. Agora a porta de entrada da igreja não era mais o arrependimento. Era a conveniência. Não havia mais risco em ser cristão. As massas corriam para a igreja, mas entravam ali sem conversão. E não tardou até que a igreja cristã perdesse a pureza doutrinária e a fidelidade a Cristo, desviando-se por fim da verdade.

Começou a existir uma grande disputa de poder. Nas cinco principais cidades do império – Roma, no ocidente, Constantinopla no oriente, Alexandria no Egito, Antioquia da Síria – a maior cidade do mundo – e Jerusalém, os bispos das igrejas começaram a disputar quem era mais importante, quem tinha proeminência e jurisdição espiritual sobre os demais.

E, dessa maneira, no ano 604 da era cristã, o imperador romano Focas declara o bispo de Roma Gregório I, como bispo universal com jurisdição espiritual não só sobre a sua congregação em Roma, mas sobre todos os outros bispos, sobre todas as outras igrejas em todos os lugares da terra. Gregório I em 604 recusou a proposta do imperador Focas e disse: "Quem aceitar esse título de bispo universal deve ser considerado um anticristo".

Mas o seu sucessor Bonifácio III, no ano 607, recebeu o título, iniciando assim a instituição do papado romano, quando o papa passa a exercer uma autoridade jurisdicional sobre todas as igrejas chamadas cristãs da época.

Vamos dividir agora a história apenas pedagogicamente para entendermos melhor os fatos ocorridos. Chamamos os cinco primeiros séculos da igreja de período da patrística, o período dos pais da igreja. Esse foi um período importantíssimo, porque neles ocorreram as definições doutrinárias da igreja.

Foi dessa maneira que, no ano 325, o então imperador Constantino convocou o primeiro concílio geral da igreja em Niceia. Por que ele fez isso? Porque em Alexandria, no Egito, um presbítero chamado Ário estava disseminando na igreja uma grave heresia: de que Jesus Cristo não era coigual, coeterno e consubstancial com o Pai; ou seja, que Jesus Cristo não era verdadeiramente Deus.

Para dirimir essa grande questão doutrinária, Constantino convocou esse concílio em 325 em Niceia. Atanásio, um grande líder cristão firmado na verdade, rebateu as teses heréticas de Ário, e ficou definida no Concílio de Niceia, em 325, a doutrina da divindade de Jesus Cristo: Ele é coigual, coeterno e consubstancial com o Pai.

Mais tarde, em 381, foi preciso convocar outro concílio. A razão é que o ser humano tende a ir para os extremos. Começou-se a dar tanta ênfase na divindade de Cristo que se esqueceu da humanidade de Cristo. Então, no Concílio de Constantinopla, foi necessário estabelecer que Jesus Cristo também é perfeitamente homem.

Mais tarde, em 451, no Concílio de Calcedônia, essas duas verdades foram amarradas, destacando-se que Jesus Cristo é Deus, Jesus Cristo é homem, mas Jesus Cristo tem duas naturezas numa única pessoa; Ele é a pessoa deandrófica, Ele é divino-humano.

Talvez um dos sínodos mais importantes da igreja nesse período aconteceu em Cartago, em 416. Nesse concílio, Agostinho de Hipona, o grande líder dos pais da igreja, o grande intérprete do cristianismo no período patrístico, aquele que foi considerado o maior teólogo de todos os tempos, fonte na qual irão beber João Calvino, Lutero e os reformadores, precisou enfrentar o grande herege que surgiu no século 5 chamado Pelágio. Pelágio começou a pregar que a queda de Adão não nos atingiu, que você e eu somos tão livres quanto éramos antes da Queda, que na verdade o ser humano não está corrompido pelo pecado, pois tem absolutamente o livre-arbítrio assim como Adão o tinha antes de pecar, e que é o homem quem escolhe a Deus, e não Deus quem escolhe o homem. Pois bem, firmado nas Escrituras, Agostinho refutou as teses de Pelágio e triunfou então a verdade de Deus no ano 416 naquele sínodo.

Mas, logo depois, no século 6 ao século 15, mil anos então, entramos naquilo que é chamado de Idade Média, a idade das trevas ou, como alguns dizem, o período da escolástica. Aí aconteceram a ascensão e o fortalecimento do papado romano, no campo político, econômico e religioso. Foi nesse período também que o papado se corrompeu ao extremo.

No ano 853, o bispo de Roma lançou mão de um artifício que, segundo Rui Barbosa, em concílio papal foi a maior mentira religiosa já proclamada em toda a história da igreja: as falsas decretais, diz Idoro, um documento forjado para validar, referendar e colocar o selo da antiguidade no papado romano. Esse documento forjado, mentiroso, fabricado, deu legitimidade ao papado, para mostrar à igreja que a instituição do papado não começara com Bonifácio III no ano 607, mas recuava ao primeiro século até o apóstolo Pedro. Esta mentira entrou para o direito canônico e perdurou por mais de mil anos.

CAPÍTULO 3

A IGREJA REFORMADA

Dessa maneira então, começou a surgir dentro da igreja a necessidade de um movimento de reforma. E é preciso dizer que Deus nunca deixou de ter uma lâmpada acesa na história em todos os períodos. Então se iniciou um movimento interessante no mundo artístico e filosófico a norte da Itália, o qual conhecemos como Renascença. O movimento alcançou a economia, as artes, a política, a ciência e a religião, abrindo caminho para o que hoje chamamos de Reforma.

Logo depois, Deus levantou um homem que hoje chamamos de reformador – John Wycliffe. Este erudito convertido começou a pregar a verdade e acabou perseguido. Ele entendia que a única maneira de abençoar o seu país, a Inglaterra, era traduzindo a Bíblia para o inglês comum a fim de que o povo pudesse ter acesso às Escrituras. E ele começou a tradução da Bíblia para o idioma inglês.

Por causa da perseguição que sofreu, ele teve de se esconder e não pôde concluir o trabalho, mas os seus discípulos terminaram a tradução.

Os escritos de Wycliffe influenciaram outro reformador na Boemia chamado João Huss, que começou a pregar a Palavra de Deus com poder. Roma mandou-lhe um recado para parar de pregar. Ele não parou; ao contrário, prosseguiu com ainda mais fervor. Convocaram-no dando-lhe a garantia de que não seria morto. Mas ele foi traído e foi levado para fogueira. E, enquanto Huss ardia na fogueira, ele declarou: "Hoje vocês estão matando um ganso, mas Deus há de levantar uma águia, e a esta vocês não poderão matar".[1] Certamente ele estava dando uma palavra profética acerca do surgimento de Martinho Lutero.

Ao mesmo tempo, Deus levantava nas barbas de Roma, em Florença, Itália, outro bravo reformador: Jerônimo Savonarola. Savonarola era um homem que tinha forte influência na cidade. Os hábitos dos cidadãos começaram a se mudar por causa da pregação ousada de Jerônimo Savonarola.

---

[1] [NR]: O sobrenome de Huss deriva de seu local de nascimento, Husinec (literalmente, *Goosetown*, ou cidade do ganso), onde agora fica a República Tcheca.

Então ele foi perseguido e queimado em praça pública. Mas Deus estava preparando o cenário para que a reforma acontecesse.

Em 1450, Johannes Gutemberg inventou a imprensa. E louvado seja Deus por esse feito. Foi através da invenção da imprensa que os escritos da Reforma puderam se espalhar com tamanha rapidez, dando solidez e consolidação à obra. Monge agostiniano, Martinho Lutero, ao fugir de uma tempestade de raios que caíram perto dele, faz um voto naquele desespero de morte de que, se fosse poupado da morte por sua padroeira dona Santa Ana, ele entraria no convento para ser padre. Lutero largou o sonho de seu pai de que o filho fosse advogado e entrou num convento.

Mas Lutero vivia uma grande angústia: sabia que ele era pecador e que Deus era justo. Ele disse: "Deus, não tenho paz, não tenho sossego, porque não posso amá-Lo. Como posso amar um Deus justo que aponta o meu pecado?" E no seu drama de consciência Lutero confessava os seus pecados diariamente, às vezes duas ou três vezes por dia; com frequência, ele se demorava uma ou duas horas nessa confissão e, às vezes, largava o confessionário e, ao retornar para o seu quarto, lembrava o seu pecado e retornava, a ponto de o seu confessor não aguentar mais ouvir as suas confissões.

Um dia seu confessor disse: "Lutero, quando você tiver de confessar o seu pecado, confesse para valer". Seu mestre começou a perceber que a alma inquieta de Martinho Lutero precisava ser trabalhada. E então o tirou do mosteiro e o enviou a Bitemberg para fazer teologia,; ali Lutero fez doutorado em teologia e começou a ensinar a Bíblia, os Salmos e o livro de Romanos.

Isso prosseguiu até o dia em que Lutero foi visitar Roma e ficou desencantado com o que viu. Quando ele subia as escadarias do templo, percebeu que já havia comprado penitências na praça e pagado indulgências para limpar a alma do seu avô do purgatório. Então começou a perceber que tudo aquilo não passava de uma farsa, um engodo. Ele começou a perceber que, se verdadeiramente o papa tinha poder de perdoar pecados, precisava ser por uma motivação mais legítima: o amor, e não o dinheiro.

Em certa ocasião, quando seus olhos pousaram de forma mais significativa em Romanos 1.17: *O justo viverá pela fé*. Começava ali uma grande batalha em defesa da fé, até o momento em que ele foi convocado para ir à dieta de Worms em 1521. Diante das autoridades religiosas e políticas, ele foi pressionado a retratar-se das suas obras escritas. E, durante o primeiro dia, ele pediu mais um dia para refletir e entrou em profunda agonia e desespero.

Foi uma luta espiritual titânica, mas, no dia seguinte, com a dieta de Worms reunida, perguntaram a Lutero se ele se retrataria. Ele respondeu: "Eu não posso me retratar, a não ser que vocês me convençam pelas Escrituras de que aquilo que escrevi vai contra a verdade de Deus. Não é lícito um homem ir contra a sua consciência. Que Deus me ajude, eu não me retratarei, a não ser morto".

Na viagem de volta, Lutero foi raptado e levado para o castelo de Wittemberg, onde iniciou a tradução da Bíblia para o alemão, especialmente do Novo Testamento. Estavam lançadas as bases da Reforma, até que em 31 de outubro de 1517 Lutero publicou as 95 teses contra as indulgências na porta da igreja no castelo de Wittemberg.

Mas Deus levantou um homem que foi estratégico para que a reforma vingasse: João Calvino, francês, humanista, culto e erudito. Fugindo da perseguição da França, Calvino chega a Genebra, uma espécie de cidade-refúgio para os foragidos da França e de outras paragens. Ali encontrou Guilherme Farel, que lhe disse: "Calvino, preciso de você em Genebra, pois a Reforma precisa vingar aqui". E Calvino alegou: "Não posso ficar em Genebra". Guilherme Farel argumentou: "Se você não ficar em Genebra, farei uma oração imprecatória para que Deus amaldiçoe a sua vida". E então Calvino resolveu ficar.

Mas, em três anos em que estava na cidade, a igreja de Genebra expulsou João Calvino. Em 1531, Calvino e Farel foram expulsos da igreja e da cidade sob a alegação: "Não queremos vocês aqui, não queremos uma pregação tão austera como a que vocês pregam". E os dois foram para Strassburgo, onde permaneceram por três anos pregando.

Em 1536, aos 27 anos de idade, Calvino publicava aquela que talvez seja a obra mais importante de teologia e da história da igreja: *As Institutas da Religião Cristã*. Ali Calvino expõe as

A IGREJA REFORMADA

quatro verdades básicas do credo: "Creio em Deus Pai, creio em Deus Filho, creio no Deus Espírito Santo, creio na igreja".

Em 1541, a cidade de Genebra se corrompia, chafurdando no pecado. E os líderes da igreja de Genebra mandaram uma carta a João Calvino, convidando-o para retornar à cidade. Ele retornou e, no primeiro domingo em que comandou a igreja, disse: "Vamos abrir a Bíblia exatamente onde paramos três anos atrás". Ele era um expositor bíblico, pregando livro por livro. E de 1541 a 1564, o ano da sua morte, Calvino pregou a Palavra de Deus.

João Calvino fundou uma academia e escreveu, como nenhum outro reformador, comentários de todos os livros da Bíblia, exceto o livro de Apocalipse. Foi o homem mais influente para estabilizar e sistematizar as doutrinas da Reforma.

A partir daí, começa um dos pontos mais dramáticos da história da igreja. Em 1559, havia se levantado na França a rainha Catarina de Médici, uma perseguidora atroz do cristianismo. Os cristãos franceses, chamados de huguenotes, eram calvinistas.

Catarina de Médici, aliada ao papa e seu genro Filipe II da Espanha, patrocinou uma das mais brutais e sangrentas perseguições aos cristãos da França. Na famigerada noite de São Bartolomeu, em 24 de agosto de 1572, foram mortos, traiçoeiramente, 70 mil huguenotes. Um banho de sangue, sob os aplausos de Roma e os elogios de Filipe II, que orientou a sogra dizendo: "Recomendo a você banir da França todo o vestígio de cristianismo". A partir daí, passou a ser proibido ser cristão na França.

Se não conhecermos a história, não valorizaremos a herança que temos. Quantos de nós estamos atentos que irmãos que nos precederam selaram esse testemunho com sangue para que o evangelho chegasse até nós!

Eu pregava certa feita em Belo Horizonte. Uma jovem presbiteriana me procurou dizendo: "Pastor, vou deixar a igreja presbiteriana". Perguntei por quê, ao que ela respondeu: "Porque quero uma igreja que tenha uma história de avivamento, quero uma igreja que tenha uma história bonita para contar, quero uma igreja que possa ter algo de que eu me orgulhe". Eu perguntei a ela:

"Você conhece a história da igreja?" E ela confessou: "Não conheço". Então eu lhe disse: "Você vai se assentar que vou lhe contar a história". E por duas horas eu contei a história para aquela moça. Depois de um tempo em que eu estava narrando os acontecimentos, aquela moça começou a chorar. E me perguntou: "Por que nunca contaram isso para mim?" Respondi: "Não podemos amar aquilo que não conhecemos. Venha comigo à Alemanha. Ali aconteceu uma das guerras mais tristes e dolorosas da história da humanidade. De 1618 a 1648, a chamada Guerra dos 30 anos dizimou 15 milhões de pessoas, um banho de sangue".

CAPÍTULO 4

A CONTRARREFORMA

A CONTRARREFORMA ❏

Caro leitor, o período pós-Reforma foi um dos mais dramáticos da história da igreja. Logo depois da Reforma, começa a chamada Contrarreforma, que lançou mão de alguns expedientes para barrar o avanço da igreja. O primeiro deles foi a convocação do Concílio de Trento, que se reuniu de 1545 a 1563.

A primeira medida desse concílio institui aquilo que é conhecido como jesuitismo, o braço armado do papado para impor o catolicismo à força. E aqueles que professavam outra fé eram perseguidos e massacrados como hereges. Institui-se então a inquisição, que levou ao martírio centenas de milhares de pessoas. Instituiu-se o índex, no qual as obras cristãs eram proibidas, inclusive qualquer Bíblia que não fosse a tradução de Jerônimo, a Vulgata Latina. A perseguição prosseguiu no mundo inteiro.

Mas um fato aconteceu na Holanda entre 1618 e 1619. Embora nos idos de 416 Agostinho de Hipona tenha enfrentado Pelágio, o pelagianismo não morreu. Ele ainda estava vivo na Holanda do século 17.

E ali se levantou um homem chamado Jacobus Armínius, que começou a pregar um semipelagianismo, defendendo que o homem não está em decadência, o homem não é incapaz espiritualmente, mas na verdade é o homem que escolhe a Deus.

Na Holanda então se convoca o chamado Sínodo de Dort, que se reúne de 1618 a 1619. Nesse sínodo, cunha-se aquilo que chamamos de calvinismo, mostrando que o homem está em estado de depravação total, que a eleição é de Deus e é incondicional, e a expiação é direcionada àqueles por quem Cristo morreu e verteu o seu sangue. Cristo não morreu apenas para possibilitar a salvação, mas efetivamente para salvar. E a todos quantos foram remidos no sangue de Jesus, esses são chamados eficazmente; e todos os que são chamados eficazmente são verdadeiramente guardados e mantidos firmes, sem que haja possibilidade de fracasso, de queda ou condenação eterna para aqueles que são santos do Senhor.

Mas agora convido você a entrar em um pouco da história que tem muito mais a ver comigo e

A CONTRARREFORMA

com você do que todas as outras que contamos até aqui – a história da Inglaterra. Está muito mais ligada a nós. Em 1534, a igreja da Inglaterra rompeu com o catolicismo romano porque Henrique VIII rei e Catarina de Aragão, viúva do seu irmão, tiveram uma filha, Maria Tudor. Mas Catarina não podia lhe dar um filho varão e ele queria um filho varão para ser o herdeiro do seu trono. Então ele resolveu divorciar-se para casar com outra mulher chamada Ana Bolena. O papa não lhe deu licença para o divórcio. Então ele rompeu com o catolicismo e criou uma igreja na Inglaterra, a Igreja Anglicana, da qual passou a ser chefe.

Pois bem, Ana Bolena não lhe deu um filho varão, mas uma filha chamada Elisabeth. Depois que Ana Bolena morreu, ele se casou pela terceira vez e enfim teve deu um filho varão, a quem chamou de Eduardo. No total, Henrique VIII teve seis casamentos.

Esse homem não era um protestante. Na verdade, ele fundou uma igreja na Inglaterra muito mais por conveniências pessoais do que por convicção teológica. Ele mesmo impediu que a Reforma chegasse à Inglaterra. O arcebispo Tomás

Cranmer[2] não conseguiu levar a Reforma a efeito na Inglaterra.

Com a morte de Henrique VIII, em 1547 seu filho, Eduardo VI, assumiu o governo aos 10 anos de idade. Obviamente tutorado pelos protestantes, percebe-se que a Reforma iria entrar na Inglaterra, pois os caminhos estavam mais abertos. Mas Eduardo VI tinha uma saúde muito frágil e veio a morrer precocemente, em 1553, aos 16 anos de idade.

Sua irmã, Maria Tudor, assumiu o governo e, sendo uma católica convicta, resolveu retornar com o catolicismo na Inglaterra. O primeiro ato de Maria Tudor foi levar para a estaca Hidley e Latimer, os bispos da Inglaterra. Quando eles estavam ardendo na fogueira em praça pública, Hidley disse a Latimer: "Coragem, meu irmão, porque vamos acender na Inglaterra uma fogueira que ninguém poderá apagar".

---

[2] [NE]: Tomás Cranmer foi um dos líderes da Reforma Inglesa e Arcebispo da Cantuária durante os reinados de Henrique VIII, Eduardo VI e brevemente Maria I. Ele ajudou a construir o caso para a anulação do casamento de Henrique com Catarina de Aragão, que foi uma das causas da separação da Igreja Anglicana da união com a Igreja Católica.

A CONTRARREFORMA

Pois bem, querido leitor, Maria Tudor forçou Cranmer a se retratar das suas posições, e ele, num momento de tibieza e covardia, se retratou. Mas, percebendo a jogada de que seria morto de qualquer maneira, confrontado outra vez, ele disse publicamente: "Eu não me retratarei, irei para fogueira, com um detalhe: a mão direita que assinou covardemente a primeira retratação, eu a colocarei no fogo para queimar primeiro". E foi exatamente isso que aconteceu.

Quando levado à fogueira, Cranmer pôs a mão na fogueira até que ela fosse completamente encarvoada; depois, entrou na fogueira e morreu como mártir.

A perseguição foi brutal. Mas aconteceu um fato tremendo: a perseguição de Maria Tudor não destruiu a igreja; ao contrário, aqueles que foram poupados da morte fugiram para o continente, seguindo para a Alemanha, a Holanda e a Suíça, tendo contato com a Reforma em Genebra. E o que se passou depois disso? Maria Tudor também morreu precocemente, em 1558, com apenas cinco anos de governo. Com a morte da rainha, a irmã, Elisabeth, assumiu o governo por um longo período, de 1558 a 1603, e abriu as fronteiras para a Reforma.

Os refugiados voltam para a Inglaterra fazendo quatro reivindicações: queriam uma igreja com teologia pura, liturgia pura, governo puro e vida pura, e por isso foram chamados na Inglaterra de puritanos. Com a morte de Elisabeth em 1603, sem que tivesse herdeiro, porque ela não se casou, o filho de Maria Stuart da Escócia, Tiago I, chamado também de Tiago VI, assumiu o governo da Inglaterra e da Escócia ao mesmo tempo. Ele era anglicano e queria de certa forma manter vivo o anglicanismo na Inglaterra. Mas, com sua morte, seu filho Carlos I, em 1625, assumiu e tomou uma medida drástica: reuniu o exército e marchou contra a Escócia para empurrar o anglicanismo goela abaixo dos escoceses, mas os exércitos da Escócia rechaçaram os soldados ingleses.

Como resultado, Carlos I convocou o parlamento inglês para que ele financiasse a guerra contra a Escócia. O parlamento inglês, com a maioria puritana não vota e elege a maioria puritana. O rei, desesperado, anula aquele parlamento, convoca outro, mas a maioria ainda era puritana e começa então uma guerra civil na Inglaterra. As tropas do rei Carlos I se colocaram de um lado da guerra, e as tropas do parlamento capitaneadas por Oliver Cromwell, de outro.

A CONTRARREFORMA ❑

O parlamento inglês convoca, então, em 1º de julho de 1643, a Assembleia de Westminster, e se reúne na Abadia de Westminster de 1643 a 1649, período em que compõe o que chamamos de os símbolos de fé da igreja presbiteriana: a Confissão de Fé de Westminster, os Catecismos Breve e Maior, os sistemas de governo presbiterianos. Nessa batalha, nessa luta, o rei é derrotado e decapitado. Oliver Cromwell governa a Inglaterra por nove anos. Com a sua morte, seu filho não tinha o mesmo tino administrativo que o pai, e o poder volta para Carlos II, filho de Carlos I, que começa a impor novamente o anglicanismo na Inglaterra.

Caro leitor, preste atenção agora em alguns pontos importantes que queremos destacar aqui. Estamos falando de tensões e conflitos na igreja. Vamos ler um pouco mais e ver o que está acontecendo no meio do povo. Com a guerra dos 30 anos na Alemanha, a igreja começou a ficar seca. Esse é um dos grandes perigos de uma igreja protestante. E foi o que aconteceu na igreja de Éfeso: na luta pela ortodoxia, perderam a piedade e perderam o amor.

Isso aconteceu também com a igreja anglicana, que começou a ficar seca e árida. E dessa maneira surgiu na Alemanha um movimento chamado de pietista, com Jacobus Stener. O pietismo estava tão cansado de ortodoxia sem piedade que partiu para o outro extremo, dizendo: "Agora queremos piedade sem ortodoxia". Esse foi e continua sendo um grande perigo. Não é desta maneira que a igreja protestante está dividida? De um lado, ortodoxia sem piedade. Do outro lado, piedade sem ortodoxia. Que perigo, que ameaça para igreja!

E foi na esteira do movimento pietista que surgiu outro movimento, dos quacres. Com Jorge Fox, em 1647, os quacres partem para uma experiência mística. Porque o termo original inglês, *quakers*, significa "tremor". Então eles diziam o seguinte: "Só é espiritual se você começar a tremer, só é espiritual se você começar a ter sensações físicas e emocionais profundas. Você é espiritual quando começa a ouvir a voz interior, a sentir a luz interior". Ou seja, eles começaram a se desviar das verdades das Escrituras para uma experiência mística e interior.

Esse movimento desaguou no experiencialismo dos movimentos liberais e influenciou os movimentos neopentecostais, mormente a partir de 1906 na rua Azuza, quando a experiência tomou o lugar da verdade.

CAPÍTULO 5

O REAVIVAMENTO DA IGREJA

O REAVIVAMENTO DA IGREJA

Graças a Deus, em 23 de setembro de 1723, com o conde Ludwig van Zinzendorf, começa um movimento bendito e glorioso na Alemanha. Esse movimento de oração, de volta à Palavra, de piedade e de missões marcou de tal maneira a igreja que eles começaram uma reunião de oração que durou 100 anos – e 24 horas por dia havia gente de plantão em oração. Pois bem, os morávios foram aqueles que mais enviaram missionários para o mundo. A cada grupo de 25 morávios, um missionário era enviado ao mundo. Foram eles que influenciaram um grupo de moços, em Oxford, na Inglaterra, para começarem uma reunião de oração.

E aqui Deus começou a fazer coisas lindas, lindas. Sabe por quê? Porque, nesse período, a igreja de Deus estava despertando em oração, mas o mundo lá fora estava completamente entregue ao ceticismo. Estavam em voga o iluminismo, os enciclopedistas, os grandes luminares do saber humano que começaram a dizer o seguinte: "A igreja acabou". Voltaire chegou a dizer: "Dentro de algumas décadas a igreja vai estar eliminada da face da terra". Ted Hilmer afirmou: "Quem queimar uma Bíblia ou um livro de teologia prestará um grande serviço à humanidade".

Neste momento, a Europa está falida espiritualmente, moralmente. Para se ter uma ideia, em Londres, reinava jogatina, a bebedeira e o pecado. De cada seis casas em Londres uma era um prostíbulo. A igreja estava morta; pregadores anunciavam sermões mortos para um auditório sonolento; e desciam do púlpito para se embriagar nas mesas de jogo.

É nesse mesmo período que o liberalismo começou a tomar de assalto os seminários. É nesse contexto que surgiu dentro da igreja um movimento para questionar a veracidade da Bíblia. Pois bem, Deus levantou homens naquela bendita reunião do clube santo em Oxford. Numa noite de vigília em 31 de dezembro, alguns jovens reunidos depois da meia-noite em oração são, de repente, batizados com o batismo de poder e, profundamente impactados pelo poder de Deus, se levantam dali para balançar a Inglaterra e a Europa.

A partir daí, as multidões se ajuntavam para ouvir a Palavra de Deus. As praças se apinhavam para ouvir John Wesley e George Whitefield anunciando a Palavra. O evangelho começou a se espalhar, e a igreja se levantou das cinzas em poderosas ações soberanas do poder de Deus.

Ao mesmo tempo levantaram-se as agências missionárias, assim como William Carey, Hudson Taylor com Adoniran Judson, e David Levidson, que vai estudar a África e se tornar um dos maiores benfeitores da humanidade, descobrindo caminhos e rotas em todo o continente africano.

Deus começou a visitar o seu povo, a Nova Inglaterra, Northampton, em Massachusetts se levanta um homem magnífico, talvez o mais culto da América, Jonathan Edwards, que nos idos de 1735, orava por avivamento, por um grande despertamento espiritual, e a sua igreja foi profundamente impactada pelo poder de Deus. Centenas de pessoas se converteram. Mas houve um fato curioso. Depois desse avivamento extraordinário, depois de coisas tão gloriosas acontecendo em Northampton, Massachussets, numa próxima eleição Jonathan Edwards perdeu para um pastor da igreja apoiado por mais de 80% dos membros da igreja. Ele saiu da igreja, por um fato curioso, glorioso até. É que esse homem passou a escrever como nunca escrevera antes na sua vida. E os escritos de Jonathan Edwards foram de certa forma os balizadores para a história da igreja no sentido de norteá-la nas questões profundas da busca da espiritualidade nos avivamentos históricos. George Whitefield atravessou a América e o Atlântico treze vezes para ajudar Jonathan Edwards em suas campanhas de avivamento em Northampton.

Pois bem, caro leitor, no século 19 a igreja estava passando por uma nova crise, especialmente nos Estados Unidos. E o maravilhoso é que a crise da igreja não é um impedimento para a ação de Deus.

Você sabe o que aconteceu em Nova York? Deus levantou um homem chamado Jeremias Lampier. Em 23 de setembro de 1857, ao meio-dia, num hotel em Nova York, homens foram convocados a orar. Na primeira semana, não apareceu ninguém. Na primeira quinzena, reuniram-se algumas centenas. Em seis meses, havia 10 mil homens de negócios orando por avivamento. E esse avivamento varreu o continente americano. Já tinha acontecido antes com Finney, depois com Hudson, depois com Finney.

E foi no gozo desse poderoso avivamento entre 1857 e 1859 que o missionário Ashbel Green Simonton ouviu um sermão de Rode e sentiu o chamado de Deus para vir para o Brasil. Foi missionário que, sob a égide do avivamento e no poder do Espírito Santo, aos 26 anos de idade, planta a Igreja Presbiteriana no Brasil, que nasce debaixo da bandeira de uma profunda busca do poder de Deus.

Chegamos ao século 20 e parece que a igreja estava novamente em crise, em especial no País de Gales. E Deus levantou um adolescente, Edward Roberts, para orar por avivamento. Numa semana de oração em uma pequena igreja em Lagor, chegou ao ponto em que que a cidade parou. Os estádios de futebol ficavam vazios aos domingos, as boates, os botecos e bares fechavam as suas portas, os juízes presenteavam uns aos outros com luvas brancas porque não havia mais crime na cidade. E, durante seis meses, mais de 100 mil pessoas se converteram ao Senhor Jesus Cristo no País de Gales. Esse avivamento varreu as universidades americanas, foi para Xangai na China e chegou à Coreia em 1907. E esse avivamento ainda sopra no continente asiático, a ponto de Igreja Presbiteriana da Coreia, mesmo sendo 28 anos mais nova que a Igreja Presbiteriana no Brasil, porque lá chegou em 1887, ser vinte vezes maior do que nós.

Hoje somos possivelmente 500 mil membros, e eles já passam de 10 milhões. Enquanto somos apenas 0,3% da população brasileira, eles são 23% da população coreana. Enquanto representamos apenas uma pequena faixa dos evangélicos do nosso país, eles representam 23% dos evangélicos daquele país. Porque nasceram sob essa chama e souberam mantê-la acesa ao longo dos anos. Quero terminar dizendo o seguinte: se recebemos um legado tão bonito e rico, nós precisamos passar essa tocha para a próxima geração.

PARTE 2

RELACIONAMENTOS
SAUDÁVEIS NA IGREJA

Quando estudamos a Palavra de Deus, percebemos um fato interessante: cristianismo é, sobretudo, relacionamento. Somos um rebanho, uma família; somos membros uns dos outros e estamos inalienavelmente ligados uns aos outros. Pesquisas sobre os fatores que mais fazem crescer uma igreja constatam que 75% dos que conseguem se integrar foram levados por amigos ou parentes, revelando com isso que a amizade é uma ponte e um instrumento de evangelização.

De certa forma, o visitante é um membro potencial. Em nossa igreja, recebemos mais de 2 mil visitas por ano. O que podemos fazer para que o visitante esporádico – que só está ali porque um amigo ou parente o convidou, ou para uma programação especial – permaneça na igreja? Minha resposta pode surpreender o leitor. Muito mais do que o sermão, o coral ou as músicas do louvor, o que determina a decisão pela permanência na igreja é a acolhida. Quando o cristão está procurando onde congregar-se, em geral não colocará em primeiro lugar a difícil tarefa de avaliar o compromisso da instituição com determinadas vertentes teológicas. Qual será então o fator decisivo para permanecer ali? O relacionamento. Afinal, ninguém consegue permanecer em uma igreja sem a presença de amigos.

E quando o visitante não é bem recebido? Quando ninguém fala com ele ou nem sequer se aproxima, e ele deixa a igreja como um desconhecido? Foi provado estatisticamente que um fato negativo é comunicado a 11 pessoas diferentes, e cada uma dessas 11 pessoas passa adiante o mesmo fato para outras 5. Isso significa que todo fato negativo se multiplica 55 vezes. Em consequência, nosso comportamento relacional na igreja não é neutro: ou é uma bênção, ou é um problema.

Hoje, costuma-se declarar que, se você não cuidar bem de seus clientes, alguém o fará. Mas, em uma igreja, não lidamos com clientes, e sim com vidas, com o destino eterno das pessoas. Daí o assunto revestir-se de tão alta importância para a vida da igreja: precisamos distinguir quais são os relacionamentos que promovem o crescimento da igreja. Afinal, nem todo relacionamento é saudável e nem todo crescimento da igreja é recomendável. Para ser saudável, precisa estar fundamentado na verdade, na honestidade, na integridade, na luz. E, para que a igreja possa crescer numericamente, ela precisa também crescer na verdade.

Nessa questão do crescimento, precisamos evitar dois extremos perigosíssimos: o primeiro deles é o que podemos chamar de numerolatria. Vivemos em uma época pragmática, em que as pessoas querem crescer a qualquer custo, a qualquer preço, em sacrifício da verdade. Deixe-me oferecer uma pequena ilustração desse fato. Em Dallas, no Texas, há uma igreja com 1.600 membros, boa parte deles composta por homossexuais e lésbicas. A igreja cresce com muitos relacionamentos e amizades. Mas não se trata da comunhão do Salmo 133 nem do crescimento que agrada o coração de Deus. Esse não é o crescimento que almejamos nem é o crescimento que a Palavra de Deus recomenda.

Por outro lado, vivemos outro extremo perigoso: o da numerofobia, ou seja, medo dos números. Trata-se de uma tentativa de tapar o sol com a peneira. Crer que a igreja fiel vai ser sempre pequena, acanhada, certamente não reflete o propósito de Deus. Concordo com Rick Warren quando, em seu livro *Uma igreja com propósitos*, ele afirma que a enunciação da seguinte pergunta está errada e fora de foco: "O que devo fazer para que a igreja cresça?" A pergunta correta deve ser: "O que está impedindo o crescimento da igreja?" Se a igreja é o corpo de Cristo, um organismo vivo, é claro que precisa crescer; se não cresce, isso significa que não está saudável. Nesse caso, é necessário um diagnóstico de sua saúde espiritual, pois a igreja precisa ser curada.

Para a precisão do diagnóstico, muitas vezes será preciso entender o que a igreja *não é*. Sabemos que a igreja é a família de Deus. Mas devemos também ter em mente que a igreja não é um clube, cuja única obrigação dos frequentadores são as cotas a serem pagas, enquanto cada um vive isoladamente, do seu jeito, sem cobranças. Há quem se comporte assim com a igreja: comparece quando quer e não permite que ninguém interfira em seu modo de vida, em sua individualidade. Da mesma forma, a igreja não é um abrigo de salvos, uma espécie de posto de reabastecimento individual em que não há vínculos nem compromisso.

CAPÍTULO 6

O QUE A IGREJA NÃO É

A igreja também não é uma instituição para trocas comerciais. Não é uma prestadora de serviços com um balcão de atendimento, em que as pessoas podem decidir o que querem – por exemplo, batizar seus filhos – e depois desaparecer. Não é um supermercado com várias opções de compra, esperando que os fregueses escolham os produtos de acordo com o preço, preferência, gosto. Não é uma casa de *shows*, cujos espectadores, tendo pago o bilhete de entrada, se sentam com tranquilidade nas cadeiras para assistir ao espetáculo e nunca se envolvem com o que ocorre nos bastidores.

Por fim, a igreja não é uma sala de obstetrícia. Os filhos espirituais são gerados em todo lugar, mas alguns, por acreditarem que não conseguem evangelizar ninguém, levam pessoas à presença do pastor, do presbítero, do professor de escola dominical – e não a Cristo. Mas a ação evangelizadora da igreja se dá geralmente fora dos portões. É lá fora que a igreja precisa exercer o seu ministério, no dia a dia.

Quem exerce o ministério fora dos portões se reúne como comunidade da fé, como família de Deus, para instrução, adoração, alívio; e então sai e realiza a obra de Deus. É por isso que a Bíblia diz: *indo, fazei discípulos* (Mc 16.15). Somos uma família na qual todos têm o mesmo Pai e o mesmo irmão mais velho. Somos um corpo no qual todos somos membros uns dos outros, e por isso não pode existir complexo de inferioridade nem sentimento de superioridade, como se a mão ou o olho não precisassem de todo o corpo. A igreja é uma mutualidade, de tal maneira que Paulo afirma, em sua carta à igreja de Corinto (1Co 12.26), que, se um sofre, todos sofrem; se um se alegra, todos se alegram.

CAPÍTULO 7

IMPORTÂNCIA DOS RELACIONAMENTOS SAUDÁVEIS PARA O CRESCIMENTO DA IGREJA

IMPORTÂNCIA DOS RELACIONAMENTOS SAUDÁVEIS... ❑

O primeiro versículo do Salmo 133 nos mostra que a união entre os irmãos é bela aos olhos de Deus: *Oh, quão bom e quão suave é que os irmãos vivam em união*. Jesus disse que a casa dividida não prevalece; uma igreja desunida não se sustém. Ao escrever à igreja de Corinto, o apóstolo Paulo mostrou que se tratava de uma igreja cheia de ciúmes e contendas, dividida em partidos, grupos e "panelas", em que um era de Paulo, outro de Pedro, outro de Apolo, outro de Cristo. Em sua primeira epístola aos Coríntios (1Co 3.1-3), Paulo diz que, onde há desunião na igreja, há imaturidade espiritual e carnalidade. É interessante notar que foi justamente a comunhão da igreja de Jerusalém que a tornou simpática aos olhos da sociedade. Diz a Bíblia que ela *contava com a simpatia de todo o povo; enquanto isso, acrescentava-lhes o Senhor, dia a dia, os que iam sendo salvos* (At 2.47). Quando a igreja é unida em amor, desenvolve comunhão e relacionamentos saudáveis, e isso passa a refletir exteriormente, atraindo pessoas para a igreja.

Em seguida, o Salmo 133 continua a nos revelar mais sobre a união entre os irmãos. De fato, o óleo evocado nesse Salmo, segundo a Bíblia, era conhecido por suas propriedades cosméticas, medicinais e espirituais. Era usado para dar brilho ao rosto, perfumar os aposentos, curar, ungir e consagrar. Declarar que a união dos crentes é como o óleo equivale a afirmar que, onde há união, há também beleza e perfume, um ambiente agradável; há cura nos relacionamentos, e a bênção de Deus está presente. O contrário é verdade: se não há união, há doença.

Na mesma epístola (1Co 11.30), Paulo diz que alguns crentes da igreja em Corinto estavam fracos, doentes, mortos; e por quê? Porque faltava comunhão ali. Quanta gente ferida e amargurada porque a comunhão foi quebrada, porque não houve companheirismo nem solidariedade! A Bíblia diz que a união dos crentes é como o óleo: traz vida e cura.

IMPORTÂNCIA DOS RELACIONAMENTOS SAUDÁVEIS...

No versículo 3, o salmista faz uso de uma nova figura: a união entre os crentes é como o orvalho do Hermom, símbolo da presença de Deus no meio do Seu povo. O profeta Oseias reporta Deus dizendo: *Eu sou como o orvalho para Israel* (Os 14.5). O que podemos aprender com o orvalho? Sua presença é suave; quando cai, não vem precedida de trovões e relâmpagos. Enquanto a amizade adoecida é barulhenta, possessiva e exige exclusividade, a amizade verdadeira é discreta, não faz estardalhaço nem exigências absurdas. O amigo deixa o outro livre para ser quem é, sem cobranças nem ciúmes. Além disso, o orvalho cai de noite, quando ninguém está vendo.

O verdadeiro amigo é aquele que não precisa de holofote nem propaganda; não liga para as luzes da ribalta, mas gosta de estar perto pelo prazer da comunhão; e, mais que isso, está perto nas horas escuras, tenebrosas. O orvalho chega depois de um tempo causticante de sol, trazendo frescor. A amizade também é assim: refrigera a alma, abençoa, renova, descansa. E, como o orvalho abundante que cai toda a noite, o amigo é constante e gosta de estar sempre perto. A Bíblia comunica a beleza da relação de amizade verdadeira aos olhos de Deus:

Oh, quão bom e quão suave é que os irmãos vivam em união.

O versículo 3 prossegue: *Ali ordena o Senhor a sua bênção e a vida para sempre.* O que isso significa? À primeira vista, o leitor notará a implicação de um crescimento numérico, pois o texto diz que ali ordena o Senhor a sua *vida*. Vida de Deus é salvação. Quando Deus ordena a vida, há gente alcançada pela graça. E onde há união, há salvação, pois a comunhão é o berço da evangelização, um ambiente propício para tal. Será que Deus mandaria gente salva para um ambiente hostil, nocivo e impróprio? Certamente que não. Mais do que crescimento numérico, há crescimento espiritual.

CAPÍTULO 8

PERIGOS PARA O DESENVOLVIMENTO DE RELACIONAMENTOS SAUDÁVEIS

Perigos perturbam o crescimento numérico e espiritual, impedindo relacionamentos entre pessoas saudáveis e maduras. Se o crescimento espiritual dos crentes é retardado, não há como fomentar uma comunhão verdadeira, genuína e saudável.

O autor da epístola aos Hebreus afirma:

> *Pois, com efeito, quando devíeis ser mestres, atendendo ao tempo decorrido, tendes novamente necessidade de alguém que vos ensine, de novo, quais são os princípios elementares dos oráculos de Deus. Assim vos tornastes como necessitados de leite e não de alimento sólido. Ora, todo aquele que se alimenta de leite é inexperiente na palavra da justiça, porque é criança; mas o alimento sólido é para os adultos, para aqueles*

> *que, pela prática, tem suas faculdades exercidas para discernir, não somente o bem, mas também o mal (Hb 5.12-14).*

Um bebê em casa logo se torna o centro das atenções. Tudo o que ele faz provoca risos; ele é a alegria da família. Mas, se o tempo passa e a criança aos 5 ou 10 anos ainda está com chupeta, fraldas e mamadeira, passa a ser motivo de grande preocupação para os pais.

O que se espera é que a criança cresça, amadureça e deixe, oportunamente, as coisas próprias de criança. Não é a isso que se refere o autor de Hebreus? Crentes que já deveriam ser mestres, maduros na fé, ainda aprendendo princípios elementares, bebendo leite quando deveriam estar se alimentando de alimento sólido.

Um aspecto que pode afetar negativamente o crescimento da igreja é a *hidrocefalia*: a cabeça cresce demais e o corpo fica mirrado. Ou seja, adquirir conhecimento sem praticar o que se aprende. Muitos creem que podem amadurecer espiritualmente apenas manuseando livros, pesquisando volumosos tomos de teologia. Mas, embora o conhecimento seja fundamental, a maturidade não vem com o conhecimento. Em Hebreus 5.14, está dito: *Mas o alimento sólido é para os adultos, para aqueles que **pela prática** têm as suas faculdades exercidas para discernir não somente o bem, mas também o mal* (destaque nosso). Não me interprete errado: eu gosto de ler; na verdade, nem sei como passar o tempo vago sem um livro nas mãos. Mas o conhecimento precisa ser exercitado, convertido em ação; caso contrário, todo conhecimento que você granjear apenas o tornará culpado, pois o critério do seu juízo será mais rigoroso.

Junto com a hidrocefalia, o *sedentarismo* e a *flacidez* são outros fatores de risco para o crescimento.

Ser sedentário é alimentar-se sem exercício. Quem só come e dorme se expõe a obesidade, colesterol alto, infartos. Ora, também existe a "obesidade espiritual". Não podemos apenas nos alimentar da Palavra, mas exercitá-la, colocando em ação o que aprendemos. E ação também significa comunhão.

A flacidez chega quando existe descanso sem atividade. Caminhada, ginástica, esportes: se você não fizer nada disso, seus músculos se tornarão flácidos. Da mesma forma, há pessoas que descansam, mas nunca entram em campo para exercitar a fé. O resultado é uma fé flácida, que vacila diante dos problemas da vida.

Outra dupla de risco é a do *egocentrismo* e da *inanição*. O egocêntrico está tão desligado de tudo que reduz seu mundo a si mesmo. Não se importa com ninguém, não enxerga ninguém além de si. É capaz de ir à igreja o ano todo e ficar sem saber o nome do irmão que se senta no banco ao lado na escola dominical. E quem se alimenta pouco pode morrer de inanição. Quem teria coragem de se alimentar uma vez na semana? Como arranjaria forças para levantar da cama de manhã, sair para trabalhar? No entanto, muitos só se alimentam espiritualmente uma vez por semana. Vão à igreja todo domingo, mas durante a semana não abrem a Bíblia, não oram, não abrem a boca para falar de Jesus, não exercitam a fé. Não é de se admirar que fiquem fracos.

Outra questão, talvez mais complexa ainda, que afeta a comunhão: a *antropofagia*. Palavra forte, não? Mas seu uso e aplicação não vêm de mim, mas de Paulo: *Porque vós, irmãos, fostes chamados à liberdade; porém, não useis da liberdade para dar ocasião à carne. Sede, antes, servos uns dos outros pelo amor porque toda lei se cumpre em um só preceito, a saber, amarás o teu próximo como a ti mesmo. Se vós, porém,* **vos mordeis e devorais uns aos outros**, *vede que não sejais mutuamente destruídos* (Gl 5.13-15, destaque nosso). Essa linguagem pesada exprime o que estava ocorrendo na igreja: uma espécie de "canibalismo espiritual", ou seja, em vez de abençoar, ajudar, encorajar, fortalecer e socorrer o irmão, os membros estavam em pé de guerra. Se a comunhão é atacada, o crescimento da igreja é impedido.

Agora, há um modo antropofágico de lidar consigo mesmo. E quando ocorre a *autofagia*, mais um aspecto que atrapalha a comunhão e o crescimento? Na epístola aos Filipenses (Fp 4.6), Paulo aconselha: *Não andeis ansiosos de coisa alguma.* A palavra "ansiedade" significa estrangulamento: é como se a pessoa ansiosa apertasse o próprio pescoço, impedindo a respiração. Nesse comportamento destrutivo, o autofágico não tem condições de estabelecer comunhão com os irmãos, pois não pode dedicar atenção nem ajuda a ninguém. O motivo é simples: sabe quando, no avião, a comissária ensina que, em caso de despressurização, a máscara deve ser posta primeiro em você, e só depois é que você pode auxiliar o outro que está em dificuldades, inclusive crianças? Isso significa que, se não cuidar de você primeiro, não poderá cuidar do outro; se lhe faltar oxigênio, você não apenas sofrerá, mas deixará de socorrer quem está a seu lado.

Tudo isso aponta para a necessidade de romper a solidão e o isolamento que são constantes na vida moderna. Hoje, as pessoas estão acostumadas a viver na massa, a não ter nome, a ser um número. É frequente que, em uma sala de aula com 50 alunos, a chamada seja feita pelo número. O que nos identifica em sociedade é o CPF, a carteira de identidade, não o nome. Trata-se de uma época de despersonalização. Diante disso, o tratamento pessoal na igreja ao recém-chegado faz toda a diferença. Às vezes, as pessoas buscam se esconder em meio à massa, mas a igreja não é esconderijo, e sim local de tratamento e cura.

CAPÍTULO 9

COMO DESENVOLVER RELACIONAMENTOS SAUDÁVEIS

A Bíblia nos conta que, certa feita, Jesus chegou a uma sinagoga e avistou um homem escondido em um canto, com a mão mirrada. Jesus inicia então um tratamento progressivo, com três ordens sucessivas: "Fica de pé", "Vem para o meio" e, finalmente, "Agora, estenda a tua mão".

São muitos os que usam a igreja para se esconder, com seus traumas e complexos. Muitas vezes, nós não os identificamos, não os tratamos, e eles continuam vivendo isolados, no anonimato. Mas a igreja é uma família, uma comunidade terapêutica, um local onde as pessoas precisam ser tratadas individualmente. Por isso, a necessidade tão básica do tratamento pessoal.

É importante tratar as pessoas pelo nome. Na Bíblia, em João 10.4, lemos que o Senhor chama suas ovelhas pelo nome. Ele conhece Suas ovelhas, e Suas ovelhas o conhecem. Aprenda o nome das pessoas. É claro que às vezes a nossa memória não é tão prodigiosa para memorizar todos eles, mas é tão bom chegar à igreja e ouvir seu nome. Até as empresas sabem quão importante é uma pessoa ser tratada pelo nome. O visitante se sente imediatamente valorizado. E é o próprio Jesus que nos ensina a fazer isso, pois chama Suas ovelhas pelo nome.

Também essencial é a necessidade de ser sensível às pessoas, começando do ponto em que o outro está. Isso não significa sacrificar a verdade, mas adotar uma flexibilidade na abordagem. Ao conversar com Nicodemos, Jesus trata de um assunto teológico. Mas, ao vislumbrar a samaritana, uma mulher proscrita que precisa ir ao poço ao meio-dia porque é a hora em que ninguém vai, Jesus se aproxima e lhe pede um favor. Ao encontrar um homem que está desesperado e desesperançado há 38 anos, Jesus só faz uma pergunta: *Você quer ser curado?* A um homem odiado por todos, Jesus propõe: *Olha, quero ficar na sua casa hoje.*

Ao abordar as pessoas, seja sensível, comece pelo ponto de onde elas estão. Às vezes respondemos a perguntas que as pessoas não estão fazendo.

Olhe para Jesus, e veja que Sua abordagem e Seu ensino sempre se adequavam ao que as pessoas precisavam ouvir naquele momento.

Para ser sensíveis, precisamos nos envolver com as pessoas. Tenha coragem para fazer perguntas e se envolver. Neemias nos fornece um bom exemplo disso ao perguntar a Hanani: *Como estão aqueles que não foram levados para o cativeiro?* A resposta foi: *Ah, Neemias, a nossa cidade está queimada a fogo, os muros quebrados, as portas queimadas; e os que lá ficaram estão entregues ao opróbrio e a grande miséria* (Ne 1.1-3).

Ao perguntar, tornamo-nos responsáveis. Quando você se informa, Deus o levanta para ser a resposta ao problema que lhe chega aos ouvidos? Se você não quer ajudar, não pergunte "Como vai?", pois vai precisar de tempo para ouvir e disposição para ajudar. Do contrário, sua pergunta é vazia de propósito.

Tenha coragem para ser afetivo. A igreja precisa ser uma comunidade abertamente afetiva. Fico encantado com o exemplo de Paulo: ao despedir-se dos presbíteros de Éfeso em um lugar público, numa praia, ele chora, abraça e beija aqueles presbíteros. Quanto tempo ele ficou em sua companhia? Três anos. Será que temos cultivado relacionamentos assim, de intimidade e expressão de sentimentos, com liberdade para abraçar, beijar, chorar? Amamos as pessoas dessa forma, cultivamos essa intimidade? Isso é fundamental se queremos uma igreja que cultiva relacionamentos para crescer. Precisamos nos aproximar das pessoas.

Tenha coragem para acolher como Deus, em Cristo, nos acolheu. Há um exemplo bíblico que me encanta: a cura do homem leproso. Lucas diz que ele estava coberto de lepra (Lc 5.12-16), ou seja, a doença estava em um estágio avançado. Ele não podia viver em sociedade nem com sua família; estava preso, talvez em uma caverna, em um leprosário. Mas o leproso rompe o cerco, esconde-se no meio da multidão e se aproxima de Jesus com muito medo, talvez coberto de trapos, com o corpo deformado. Ajoelhado, diz: *Senhor, se quiseres, podes purificar-me*. Conta a Bíblia que Jesus, compadecido dele, tocou-o e respondeu: *Fica limpo*. Por que Jesus tocou aquele homem? A lei judaica dizia que tocar em um leproso equivalia a tornar-se impuro cerimonialmente.

Jesus não precisava tocá-lo para curá-lo; Jesus podia ter agido como no caso dos dez leprosos, quando lhes ordenou: *Ide e mostrai-vos ao sacerdote* (a autoridade sanitária para comprovar a cura). Porém, a Bíblia conta que Jesus não apenas o curou, mas o tocou primeiro. Por quê? Talvez fizesse muitos anos que aquele homem não era tocado por ninguém. Na igreja, há ocasiões em que as pessoas não precisam escutar as músicas do coral, nem mesmo o sermão do pastor; às vezes, tudo de que precisam é receber um abraço de um irmão. Às vezes, não é necessário dizer nada; um aperto de mão ou um olhar significativo são mais eloquentes que um sermão.

As pessoas precisam ser tocadas; devemos expressar amor por elas. É por isso que, em Lucas 15.20, o pai não apenas recebe o filho de longe, mas sai correndo para abraçar e beijar o filho que havia voltado. Cristianismo envolve emoção e profundidade de relacionamento. Isso é sumamente importante.

Afinal, o que nos caracteriza como discípulos de Cristo? Conhecer vários textos da Bíblia e o catecismo de cor? Cantar uma grande quantidade de hinos? Assumir a liderança na igreja? Pregar bem? Ter muitos talentos? Não; o que nos caracteriza é o amor, conforme disse Jesus: *Um novo mandamento vos dou: que vos ameis uns aos outros, assim como eu vos amei. Nisto conhecerão todos que sois meus discípulos, se tiverdes amor uns pelos outros* (Jo 13.34,35). É pelo amor que somos conhecidos como discípulos de Cristo. Nas cartas de Paulo, torna-se claro que o amor é o símbolo maior da maturidade espiritual; e a maturidade é adquirida com a prática do cristianismo.

Esse amor é demonstrado concretamente. Precisamos ser uma igreja aberta aos que chegam. Às vezes, ficamos tão encantados com a comunhão dos santos que nos esquecemos dos visitantes. Ao fim do culto, preferimos conversar com quem conhecemos. E, quando menos percebemos, o visitante é o último a chegar e o primeiro a sair. Gastamos todo o tempo com quem conhecemos, e aquele que mais precisa de atenção vai embora. Se a igreja pudesse estar mais atenta aos visitantes, faríamos da comunhão a maior agência de evangelismo.

Devemos ser mais perceptivos. Você poderia chegar mais cedo, por exemplo, e receber quem chega no pátio da igreja, dizendo: "Seja bem-vindo. É um privilégio ter você na nossa igreja". Essa simples frase pode fazer mais efeito na vida dessa pessoa do que o sermão que ela vai ouvir. E, quando o culto termina, continue sendo perceptivo. Pedir para o visitante ficar em pé pode ser um constrangimento para ele. Talvez nem tanto na nossa cultura, mas, por exemplo, na cultura americana, é um insulto pedir a um visitante que se levante, pois ele não gosta de se apresentar; prefere ficar no anonimato. Mas, se você viu que o visitante ficou em pé, procure-o, aproxime-se dele, abrace-o, pergunte de onde ele é, pergunte se ele está morando na cidade. Esse primeiro contato pode ser importante para que se efetive um membro em potencial. Talvez a pessoa tenha acabado de se mudar para a cidade e esteja escolhendo a igreja, pensando em qual irá ficar. A boa acolhida em uma primeira visita pode determinar sua decisão. Precisamos manter aberto nosso grupo para a chegada de novas pessoas. Não podemos ser como Diótrefes, um homem que, segundo a Bíblia, não dava acolhida aos recém-chegados à igreja, pois sentia que toda pessoa nova era uma ameaça a sua posição (3Jo 9).

Precisamos ser uma igreja sensível aos visitantes. Em relação a isso, só existem três tipos de igrejas: uma igreja hostil ao visitante, uma igreja simpática ao visitante e uma igreja voltada para o visitante. Vou usar uma ilustração. Vamos imaginar que você, numa ocasião especial na sua casa, preparou um jantar especial para sua família. Quando o jantar está à mesa e a família se reúne, a campainha toca. Você não esperava visita naquele dia, mas a visita chega sem avisar. Você a recebe com um sorriso amarelo, e ela acaba percebendo que chegou em hora imprópria. Mas chegou; fazer o quê? A porta está aberta, e o jeito é entrar. São muitos os que deparam com esse tipo de abordagem quando chegam à igreja: não tem aperto de mão, não tem abraço, não tem sorriso. E acabam pensando: "Sou *persona non grata* aqui, não fui convidado para esse banquete".

Mas há outra possibilidade. Você está preparando um jantar para sua família e, de repente, a visita toca a campainha. Você a recebe com um sorriso e diz: "Que bom que você veio! Estávamos nos preparando para jantar, e você é convidado para jantar conosco". Você quebra o gelo, a pessoa se sente acolhida, mas ela sabe que aquele jantar não foi preparado pensando nela. Ela aproveita o momento, o banquete, se delicia, mas não era o centro das atenções daquele jantar. Às vezes nós conseguimos, no máximo, ser assim. A pessoa chega, somos simpáticos, carinhosos e receptivos; mas o visitante entendeu que não estávamos pensando nele.

A terceira possibilidade é uma igreja voltada para o visitante. Nessa situação, você preparou o jantar pensando no seu visitante. Você o convidou e, quando ele toca a campainha, você o abraça e diz: "Que bom que você chegou! Estávamos esperando por você". Anseio pelo dia em que possamos agir assim! Que todo visitante que entrar por nossas portas possa ser abraçado e ouvir: "Que bom que você veio! Estávamos esperando você". E, depois do culto, as pessoas vão acolhê-lo e dizer: "Que bom que você está em nosso meio! Você é muito bem-vindo a esta família". E eu vou lhe garantir que essa acolhida vai ser mais importante do que qualquer sermão.

Ora, se existe um lugar onde o relacionamento deve alcançar um nível de excelência, é a igreja. O atendimento na igreja precisa ser cinco estrelas. É inadmissível manter entre nós um tratamento ríspido, árido, seco; a igreja é a família de Deus, é a comunidade do amor.

Fale com o visitante antes do culto; esteja atento, durante e após o culto, para acolher o visitante. Quando o fizer, não deixe de sorrir; não é proibido nem pecado. Santidade não é o contrário de alegria. São necessários 72 músculos para franzir o rosto e apenas 14 músculos para sorrir. Sorrir faz bem para a saúde, evita rugas e envelhecimento precoce, além de abençoar as pessoas.

Quem chega à igreja também traz dores, traumas, feridas, necessidades, tensões. Como foi dito, precisamos ser uma comunidade de apoio. Conta a Bíblia (At 9.26) que, ao chegar à igreja-mãe de Jerusalém, onde estavam os apóstolos, Saulo de Tarso foi recebido com medo, cismas e reservas. No início, não acreditaram que ele fosse um real convertido. Já imaginou chegar a uma igreja e não se sentir bem acolhido? As pessoas o olhavam de lado e evitavam até lhe dirigir a palavra, uma situação terrível. Foi preciso que Barnabé interviesse, apresentando Paulo e dando seu testemunho pessoal sobre ele (At 9.27).

Necessitamos de pessoas que invistam na nossa vida como Barnabé investiu na vida de Paulo, como Paulo investiu na vida de Timóteo, como

Elias investiu na vida de Eliseu, como Moisés investiu na vida de Josué.

Se queremos crescer, precisamos trabalhar a comunhão, aprendendo a recepcionar e a nos conectar com as pessoas. Você está investindo em alguém? Está ajudando alguém? Nós podemos e devemos multiplicar esse mentoreamento espiritual na vida da igreja. Precisamos ser uma igreja de comunhão e ajuda mútua, uma ajuda que não seja apenas financeira. É claro que, se preciso for, quem ama precisa tocar no bolso; na Bíblia, temos o exemplo da igreja de Jerusalém, que sabia prover socorro material. Mas existem muitas outras necessidades, emocionais e espirituais: visitas a um irmão doente, telefonemas para alguém em dificuldades, orações em conjunto.

Devemos não só aprender a acolher recém-chegados e estabelecer novos relacionamentos, mas também restaurar relacionamentos rompidos e estremecidos. Precisamos ser uma igreja de perdão e cura.

Deus tem me dado o privilégio de percorrer o nosso país e conversar com centenas de pessoas.

O que mais tenho percebido na igreja evangélica brasileira é o grande número de pessoas feridas, magoadas, e inclusive muitas igrejas doentes. Se na comunidade não soubermos praticar o perdão e a cura, seremos inaptos para a proclamação do evangelho da graça. Não teremos autoridade para afirmar: "Venha para Jesus porque ele salva, liberta, transforma".

Jesus não está dizendo que a igreja é perfeita. Paulo diz: *Suportai-vos uns aos outros e perdoai-vos mutuamente, caso alguém tenha motivo de queixa contra outrem; assim como o Senhor vos perdoou, assim perdoai vós* (Cl 3.13). Somos falhos e sempre teremos motivo de queixa uns contra os outros. Mas qual a solução? O perdão; onde há queixa, é preciso haver perdão. Sem esse ato fundamental, as relações logo adoecem. Assim, tanto para iniciar quanto para manter relacionamentos saudáveis, devemos aprender a acolher as pessoas; não só quando as conhecemos pouco, mas sobretudo quando erram conosco, pois assim fazendo é que mostraremos nossa real filiação no céu (Mt 6.14,15).

PARTE 3

UMA IGREJA
ACOLHEDORA

UMA IGREJA ACOLHEDORA ❑

Ora, o Deus da paciência e da consolação vos conceda o mesmo sentir de uns para com os outros, segundo Cristo Jesus, para que concordemente e a uma voz glorifiqueis ao Deus e Pai de nosso Senhor Jesus Cristo. Portanto, acolhei-vos uns aos outros, como também Cristo nos acolheu para a glória de Deus.

Romanos 15.5-7

Porque, assim como o corpo é um, e tem muitos membros, e todos os membros, sendo muitos, são um só corpo, assim é Cristo também. Pois todos nós fomos batizados em um Espírito, formando um corpo, quer judeus, quer gregos, quer servos, quer livres, e todos temos bebido de um Espírito. Porque também o corpo não é um só membro, mas muitos. Se o pé disser: Porque não sou mão, não sou do corpo; não será por isso do corpo? E se a orelha disser: Porque não sou olho não sou do corpo; não será por isso do corpo? Se todo o corpo fosse olho, onde estaria o ouvido? Se todo fosse ouvido, onde estaria o olfato? Mas agora Deus colocou os membros no corpo, cada um deles como quis. E, se todos fossem um só membro, onde estaria o corpo? Assim, pois, há muitos membros, mas um corpo. E o olho não pode dizer à mão: Não tenho necessidade de ti; nem ainda a cabeça aos pés: Não tenho necessidade de vós. Antes, os membros do corpo que parecem ser os mais fracos são necessários; E os que reputamos serem menos honrosos no corpo, a esses honramos muito mais; e aos que em nós são menos decorosos damos muito mais honra. Porque os que em nós são mais nobres não têm necessidade disso, mas Deus assim formou o corpo, dando muito mais honra ao que tinha falta dela; Para que não haja divisão no corpo, mas antes tenham os membros igual cuidado uns dos outros. De maneira que, se um membro padece, todos os membros padecem com ele; e, se um membro é honrado, todos os membros se regozijam com ele. Ora, vós sois o corpo de Cristo, e seus membros em particular.

1 CORÍNTIOS 12.12-27

UMA IGREJA ACOLHEDORA

Vamos pensar juntos. Quais são as principais razões para a escolha de uma igreja? Quais critérios levam alguém a permanecer na igreja A, e não na igreja B? E, ainda, se a decisão parte de alguém que deseja frequentar uma igreja, mas ainda não conhece a Palavra de Deus, que marcas essa igreja deve possuir?

Esse já é um dado estatístico comprovado: o fator motivador mais importante nessa escolha de uma igreja não é a denominação, o pregador, a música, o conforto, a comodidade nem mesmo as doutrinas, mas a acolhida. Estatisticamente, também se provou que, se uma pessoa não consegue fazer amizade em uma igreja, ela acaba saindo em busca de comunhão. Sem entrosamento, não se criam vínculos. A recepção calorosa conta mais que qualquer fator. Isso não significa que devemos abandonar nossos absolutos ou negociar princípios e valores para nos tornarmos uma igreja acolhedora. Não subscrevemos a ideia de que a igreja deve ser pragmática, abrindo mão da verdade, pregando o que o povo gosta de ouvir, para atrair as pessoas. Não concordamos com aqueles que pensam que os bancos devem mandar no púlpito, que os ouvintes devem determinar a agenda do pregador. Estamos absolutamente convencidos de que a verdade precisa ser pregada com integridade e fidelidade. Não pregamos para agradar, pregamos para levar os pecadores ao arrependimento. Pregamos para ensinar, edificar, corrigir e consolar os salvos.

Porém, entendemos que não podemos nos contentar apenas com a teologia certa sem a vida certa. Precisamos ir além. A boa teologia deve ser refletida em nossa prática, sobretudo na convivência uns com os outros e na acolhida de quem nos visita.

Poderíamos justificar uma recepção morna argumentando que, em igrejas maiores, há muita gente e nunca sabemos se quem chega para o culto é membro ou visitante. Na verdade, se cada membro prestasse mais atenção em quem chega, seríamos mais eficazes na maneira como recebemos os visitantes. A receptividade às pessoas deve começar lá fora, no pátio, no estacionamento ou no portão da igreja. A maneira como tratamos as pessoas, muitas vezes, é mais significativa para elas do que a música que elas escutam no templo. Uma igreja que não expressa amor nos seus gestos, vivacidade na sua recepção, simpatia nas suas palavras e interesse genuíno pelas pessoas não reflete o espírito do evangelho de Cristo.

A igreja não é um clube em que pagamos uma cota e usufruímos os benefícios. A igreja não é uma plateia na qual nos assentamos para escutar uma preleção. A igreja é um povo chamado por Deus, transformado pelo evangelho e habitado pelo Espírito, que deve adorar a Deus em espírito e em verdade. A igreja é uma família que se reúne para cultuar o Trino Deus e se espalha para testemunhar a graça de Deus na família, no trabalho, na escola, todos os dias e em todos os lugares. Quando saímos da nossa casa para ir ao templo, estamos conscientes de que não somos uma ilha; não nos bastamos a nós mesmos. Somos parte de um corpo, membros de um rebanho, de uma família, que tem o mesmo Pai, o mesmo Senhor, e foi batizada no mesmo Espírito. Não vamos ao templo buscar uma bênção; vamos para ser uma bênção. Não vamos para receber algo; vamos para oferecer nossa vida. O culto não é voltado para nós, mas dedicado a Deus. Não é antropocêntrico, mas teocêntrico.

Quando nos reunimos para adorar a Deus, temos um tríplice encontro. Encontramo-nos com

Deus. A casa de Deus é casa de oração, lugar onde falamos com Deus e onde ouvimos sua voz por meio da exposição da sua Palavra. Contudo, ali também nos encontramos com nossos irmãos. Reunimo-nos para orar juntos, para cantar louvores a Deus juntos e sermos edificados pela sua Palavra.

Não podemos ter plena comunhão vertical sem a correta comunhão horizontal. Não podemos amar a Deus sem amar os irmãos. Não podemos nos deleitar em Deus e ao mesmo tempo desconsiderar nossos irmãos. De igual forma, quando estamos no culto público, temos um encontro com nós mesmos. O culto é um momento de autoexame.

Olhamos para cima, para fora e também para dentro de nós. Nesse tríplice encontro, precisamos estar atentos para expressarmos aos nossos irmãos uma acolhida calorosa. A Bíblia nos ensina a acolher uns aos outros assim como Deus em Cristo nos acolheu.

Se o projeto de Deus é que todos cheguemos à perfeita varonilidade de Cristo, à maturidade espiritual, não podemos admitir, como já dissemos, a ideia de uma igreja semelhante a um clube, em que a cota é paga para o usufruto de determinados benefícios, mas ninguém se envolve com a vida dos que chegam. Em um clube, os membros são sócios, não uma família. Num clube, cada um cuida do que é seu.

Não podemos, de igual forma, compreender a igreja como um abrigo de salvos, em que cada um se contenta apenas com a própria segurança, sem se importar com o que o outro está passando. Em muitas igrejas, os visitantes são vistos com certa indiferença. São tratados com frieza. Nessas igrejas, os crentes vivem uma espécie de santidade umbilical, uma santidade intimista, individualista, apenas verticalizada.

CAPÍTULO 10

AGIR COMO UM CORPO

AGIR COMO UM CORPO ❏

Uma das figuras mais ricas do Novo Testamento para descrever a igreja é a figura do corpo. Paulo, escrevendo à igreja de Corinto, falou sobre essa figura. Quais são as características principais de um corpo?

UNIDADE

Em 1Coríntios 12.12-13, a marca primordial do corpo é a unidade. Isso é algo fantástico: mesmo sendo o grupo mais heterogêneo da terra, a igreja é uma unidade. Nela há pobres e ricos, brancos e negros, homens e mulheres, doutos e indoutos, habitantes de regiões urbanas e de regiões rurais. Quando nos reunimos como igreja, todas as nossas diferenças perdem seu significado, porque todos somos um, temos um só pensar, um só sentir, e experimentamos o mesmo amor de uns para com os outros. Somos uma unidade.

DIVERSIDADE

Essa unidade não é uma uniformidade. O corpo possui diversidade de membros. Você tem um corpo só, mas formado por membros diferentes – cabeça, braços, pernas, olhos, boca, ouvidos, cada membro com sua função, com sua finalidade, com seu ministério, com sua particularidade. Portanto, para que a igreja tenha comunhão e seja acolhedora, é preciso combater dois graves erros: o complexo de inferioridade e o complexo de superioridade. Os versículos 15 e 16 do capítulo 12 de 1Coríntios mostram o primeiro erro. Alguns membros podem sofrer de um complexo de inferioridade em relação a outros. No entanto, na igreja de Deus todos são úteis, pois são colocados no corpo pelo próprio Senhor para desempenhar uma função exclusiva e única. Portanto, na igreja de Deus não há espaço para complexos do tipo: "Ah!, porque eu não sou olho não sou do corpo; porque não sou mão não sou do corpo". Ao nos colocar em determinado local, Deus tem um propósito e um ministério para nós.

O segundo erro que pode minar automaticamente a comunhão da igreja é o extremo oposto, o complexo de superioridade. Em 1Coríntios 12.21, há um exemplo disso: *Não podem os olhos dizer à mão: Não precisamos de ti; nem ainda a cabeça, aos pés: Não preciso de vós.* Não há espaço na igreja de Deus para que se diga: "Sou mais importante que você; logo, não preciso de você. Se você não quiser vir, não venha, pois você não faz falta". Faz falta, sim! Pense outra vez na figura: o menor dos membros é vital para o bom funcionamento do corpo.

Mutualidade

Além da unidade e da diversidade, há uma terceira característica básica do corpo: a mutualidade. Veja como Deus é maravilhoso: já pensou o quão desagradável seria se, desprovido de mãos para lavar o rosto, você tivesse de enfiar o seu rosto numa pia ou numa bacia? Os versículos 25 e 26 de 1Coríntios 12 demonstram que somos uma mutualidade: *Para que não haja divisão no corpo; pelo contrário cooperem os membros, com igual cuidado, em favor uns dos outros. De maneira que, se um membro sofre, todos sofrem com ele; e, se um deles é honrado, com ele todos se regozijam.* Que significa isso na prática? Que a igreja é o local das relações pessoais, em contraposição à frieza do mundo.

Vivemos em uma sociedade de solidão. Em muitos lugares, as pessoas não perguntam seu nome, mas sua identidade. No entanto, a igreja não é a comunidade da solidão, mas da solidariedade. O tratamento pessoal é de suma importância.

Em seu livro *Como fazer amigos e influenciar pessoas*, Dale Carnegie afirma que o nome mais doce aos ouvidos é o próprio nome. Trate as pessoas pelo nome. Não é por acaso que nas Escrituras está escrito que o Senhor Jesus, como Pastor, chama suas ovelhas pelo nome (Jo 10.3). Chamar uma pessoa pelo nome é uma necessidade básica, porém nem sempre estamos sensíveis a ela, assim como também não estamos a muitas outras.

Uma igreja fiel a Deus e sensível às pessoas precisa estar atenta a isso. Ao vir à igreja, o visitante traz carências consigo, precisando ao menos que seja notado, que lhe perguntem seu nome. Uma frase simples como: "Você é bem-vindo aqui" pode fazer toda a diferença.

É pena que em um bom número de igrejas os visitantes ou os recém-chegados não são sequer percebidos. Muitas vezes, as pessoas são assíduas ao culto durante algum tempo sem que ninguém tome conhecimento delas. Por quê? Porque com frequência nos tornamos displicentes ou demasiadamente voltados para nós mesmos.

Quando termina o culto público, preferimos ficar perto dos irmãos que já conhecemos e com quem gostamos de conversar, com quem já cultivamos certa intimidade. Embora não haja nenhum mal nisso, precisamos nos colocar no lugar de quem chega para compreender a importância da acolhida calorosa.

Não sei se você já teve a sensação de se aproximar de um grupo e perceber que sua presença não é aceita. Você acaba se sentindo *persona non grata* no meio desse grupo, um verdadeiro peixe fora d'água. Automaticamente, quem tem um pouquinho de "desconfiômetro" decide: se eu não sou aceito aqui, vou procurar outra igreja.

Isso é uma grande perda, já que o objetivo da igreja é glorificar a Deus, expressando por meio de seu testemunho o amor de Deus às pessoas. Uma igreja que não expressa amor aos que chegam falha em demonstrar a essas pessoas o rico amor de Deus. Se estamos agindo assim como igreja, precisamos mudar, e de forma intencional, proporcional e programática. Precisamos aprender a nos envolver com as pessoas.

Se você vai à igreja somente para cultivar seu relacionamento pessoal com Deus, buscar a sua bênção e logo ir embora, sem se incomodar com a dor e as necessidades do outro, você está em desacordo com o padrão bíblico. Essa não é a prática do cristianismo nem deve ser a atitude da igreja.

Quando Neemias recebeu a visita de Hanani na cidadela de Susã, logo lhe perguntou pelos judeus que escaparam e não foram levados para o exílio de Jerusalém (Ne 1.2). Depois de receber as informações, sua vida mudou radicalmente. O conhecimento nos responsabiliza. Quando somos informados sobre uma necessidade, sentimo-nos desafiados a ser instrumentos de Deus na solução desse problema. A vocação de Neemias foi descoberta não por meio de algum fenômeno sobrenatural, mas pelo conhecimento de uma necessidade natural.

Assim, se você não quiser se envolver com as pessoas, não pergunte nada a elas. A alienação pode lhe dar tranquilidade, mas, também, não lhe trará sentido de viver. Deus não nos criou nem nos salvou para vivermos somente para nós mesmos. Pertencemos a uma família. Somos membros uns dos outros. Devemos servir uns aos outros. Devemos amar uns aos outros.

Atos dos Apóstolos, capítulo 2, versículos 42 a 47, diz que *a igreja se reunia no templo diariamente, louvando a Deus com alegria. Eles iam de casa em casa e partiam o pão com singeleza de coração*. E o texto diz ainda que o resultado dessa comunhão é que eles contavam com a simpatia de todo o povo. Eram uma igreja simpática. Quando alguém ia à igreja pela primeira vez, certamente aquilo era motivo de festa, de celebração. E diz a Bíblia que, por causa desse estilo de vida, *dia a dia o Senhor ia acrescentando àquela igreja os que iam sendo salvos*. A maneira como a igreja acolhe os seus visitantes é uma forma de evangelização indireta.

Precisamos também de mais afeto em nossos relacionamentos. Na cerimônia de minha ordenação ao sagrado ministério, um presbítero muito amado meu deu um conselho: "Olha, Hernandes, quando você for cumprimentar as pessoas, tome cuidado. Estique bem o braço e preste atenção para que a pessoa fique o mais distante possível de você, porque esse negócio de ser efusivo nos relacionamentos e de abraçar as pessoas é um grande risco". Embora eu tenha compreendido a preocupação daquele irmão, tive de responder-lhe: "Meu irmão, se eu fizer isso, estarei não só violando a minha própria personalidade, mas quebrando também alguns princípios bíblicos".

O apóstolo Paulo chega a recomendar às suas igrejas que os crentes deviam saudar uns aos outros com ósculo santo (2Co 13.12). Deixando a questão cultural de lado, temos de demonstrar afeto pelas pessoas, de maneira calorosa. É óbvio que nós precisamos abraçar com a mesma efusividade tanto as crianças quanto os adolescentes; tanto os jovens como as pessoas mais idosas da igreja; tanto os doutores como as pessoas mais desprovidas de cultura. Não podemos fazer acepção de pessoas.

Jesus sempre valorizou as pessoas. Ele tocou os leprosos. Ele abraçou as crianças, as recebeu em Seu colo e impôs sobre elas Suas mãos. Conversou publicamente com a mulher samaritana. Jesus comeu com publicanos e pecadores. Hospedou-se na casa de gente odiada pela sociedade. Para Ele, as pessoas eram mais importantes do que rituais.

A igreja de Jesus precisa se importar com as pessoas. Deus ama as pessoas e a igreja de Deus precisa expressar esse amor. Assim como Deus nos acolheu em Cristo, devemos acolher uns aos outros. A igreja é lugar de comunhão.

Precisamos otimizar até mesmo o espaço físico da igreja para esses períodos de congraçamento. O espaço da igreja muitas vezes não é privilegiado. Há igrejas cuja porta dá para ruas movimentadas, sem que se possa desfrutar com segurança de um momento de comunhão. Mas as igrejas que dispõem de pátios precisam aproveitá-los. Ali nos é oferecida a possibilidade de um ministério magnífico. Procure as pessoas, cumprimente-as.

Tome o propósito diante de Deus de conversar com pelo menos dez pessoas depois do culto público. Se você não souber o nome delas, não há nenhum acanhamento nisso. Pergunte o nome, mas fale, converse. Você vai perceber que há pessoas que se isolam num canto. Será uma realidade muito triste se ninguém as observar. Nesse silêncio da solidão, há um grito pedindo atenção e cuidado. O fato é que nem todo mundo é dotado de personalidade forte, capaz de se impor e ser recebido pelo grupo, ainda que à força.

Nem todo mundo consegue adotar a atitude de afirmar para si mesmo: "Essa igreja vai ter de me aceitar porque eu cheguei, e cheguei para ficar". Para muitos, será preciso uma boa dose de iniciativa da comunidade. Tudo isso converge para esta verdade: nós, crentes, somos conhecidos como discípulos de Cristo não apenas por nossa ortodoxia, mas, sobretudo, por causa do nosso amor. *Nisto conhecerão todos que sois meus discípulos: se tiverdes amor uns pelos outros* (Jo 13.35).

CAPÍTULO 11

SOMOS UMA FAMÍLIA

Como, então, podemos ser uma igreja acolhedora? Além da consciência de que somos corpo, devemos compreender que somos também família.

Em 1Tessalonicenses 4.9,10 fala-se sobre um tipo particular de amor: o amor *phileo*. Paulo diz que devemos amar os irmãos com amor fraternal. A palavra *philadelphias* vem de dois termos gregos: *phileo* (amor) e *adelphos* (irmão). *Philadelphias* é amar o outro com amor de irmão de sangue. Ser irmão de sangue significa o seguinte: a despeito das deficiências do outro, você o ama incondicionalmente. Chora por ele, briga por ele, dá a vida por ele – é seu irmão! Corre nas suas veias o mesmo sangue que corre nas veias dele. O que Paulo está nos dizendo é que devemos olhar uns para os outros como irmãos de sangue. Em família, a não ser que seus membros estejam emocionalmente doentes (e infelizmente isto ocorre), quando um irmão tem uma vitória, qual a reação dos outros irmãos? Tristeza, ciúme ou celebração? Claro, celebração! O que acontece quando um irmão ou irmã é acometido por algum problema de saúde? Você fica cheio de preocupação e quer fazer o melhor por ele. A Bíblia diz que nós somos uma família.

O coração das pessoas que entram na igreja será impactado quando elas perceberem que somos uma família, que nos importamos uns com os outros, que amamos uns aos outros não apenas de palavra, mas de fato e de verdade (1Jo 3.18).

Assim como as famílias, as igrejas precisam ser saudáveis. Porém, às vezes desenvolvemos uma ideia equivocada de igreja. Por exemplo, a separação entre sacerdotes e ministros atuantes, de um lado, e leigos passivos, de outro. Muitas vezes se espera do pastor que seja apenas obstetra, ou seja, um especialista em receber e cuidar de bebês. Quando a igreja é saudável, seus membros não esperam tudo do pastor, mas entendem que também são ministros e sacerdotes de Deus, com um ministério magnífico a desempenhar.

Ainda utilizando a mesma figura do bebê, imagine um casal contente com a chegada de um filho. Cada filho é uma história singular, uma alegria única. Porém, imagine que se passam dez anos e aquele menino está ainda usando fralda e chupeta; aos 15 anos, está fazendo xixi na cama e precisa dormir com a mamadeira. Qual seria a reação dos pais? Certamente uma preocupação imensa. Por quê? Porque, à medida que o tempo passa, o que se espera é o amadurecimento natural dos filhos.

Os membros da igreja não podem permanecer bebês espirituais o tempo todo. Paulo alertou para esse perigo em 1Coríntios 3. Como os crentes coríntios estavam brigando internamente, dividindo-se em partidos, Paulo os chamou de crianças. A igreja não pode ser um imenso berçário nem uma creche cheia de infantes. É triste perceber, mas há quem ainda esteja tomando leite, engatinhando e brigando pela chupeta depois de dez anos de conversão, quando deveria alimentar-se de comida sólida e exercitar-se na prática da fé cristã.

Outro problema que tem atingido muitos crentes é o da hidrocefalia, ou seja, quando a cabeça cresce de forma desproporcional ao tamanho do corpo. Os membros recebem informações, frequentam regularmente a Escola Dominical, o culto e os estudos bíblicos durante a semana, leem obras teológicas, aprendem tudo o que podem, e a cabeça vai se agigantando mais que o corpo. Por quê? Porque esses crentes não se exercitam, não põem em prática o que aprendem. Assim, o corpo vai ficando mirrado, atrofiado. Há uma desproporção entre o que se sabe e o que se faz. Não raras vezes, os que sabem não fazem, e os que fazem não sabem.

Na igreja primitiva, os teólogos eram evangelistas, e os evangelistas eram teólogos. Hoje, os teólogos se escondem atrás de pesadas escrivaninhas, e os evangelistas fogem dos livros. Deixar de exercitar a fé é como levar uma vida sedentária. Isso acaba desencadeando grandes males para todo o corpo.

De modo análogo, a alimentação inadequada gera despreparo. Se tivéssemos apenas uma ou duas refeições por semana, logo cairíamos de fraqueza. Então, por que fazemos isso espiritualmente? Muitos de nós falhamos em cultivar uma vida devocional regular e diária. Poucos têm regularidade na sua vida devocional. Muitos crentes são analfabetos da Bíblia. A prática salutar da leitura bíblica, da meditação e da oração está escasseando nos redutos evangélicos. Somos muito mais zelosos em ler a página esportiva dos jornais que em ler a Palavra de Deus. No entanto, deveríamos saber que, se nos alimentarmos de forma deficiente, seremos crentes mirrados, com alma seca. E uma igreja mirrada jamais poderá ser uma igreja vibrante, saudável e acolhedora. Uma igreja desnutrida jamais poderá alimentar os outros com a abundância da provisão divina. Uma igreja inquieta, anêmica e sem vitalidade não pode alimentar as multidões.

A fome perturba as pessoas. Quando estamos famintos, perdemos até a delicadeza, pois o que prevalece é o instinto de sobrevivência. Em sua obra *Em busca do sentido da vida*, Viktor Frankl conta que a conversa mais ouvida nos campos de concentração, diante das torturas crudelíssimas, não era sobre a liberdade, nem sobre família, mas sobre comida. Da mesma forma, se você se alimentar espiritualmente só uma vez por semana, no domingo, pode ter certeza de que logo sofrerá de atrofia espiritual. E um crente atrofiado não pode ser um crente saudável nem edificar uma igreja acolhedora.

Temos de admitir que existe muita doença em nossos relacionamentos. Certa vez, pregando numa igreja brasileira, fui procurado por um grupo de crentes de outra comunidade que estavam passando por uma dolorosa turbulência. O pastor havia tirado a própria vida. O novo pastor, depois de um tempo de profícuo trabalho, ajudou aquela igreja a reerguer-se emocional e espiritualmente. As feridas já estavam cicatrizando, e a alegria parecia estar voltando àquela grei, quando a igreja sofreu mais um golpe doloroso.

O pastor envolveu-se com outra mulher e abandonou a família e o pastorado. Um líder da igreja, desesperado com a situação, subiu à torre da igreja com o objetivo de pular de lá. Chamaram o Corpo de Bombeiros e com muito custo conseguiram demovê-lo de dar cabo de sua vida. Em meio a muitas lágrimas e até gemidos de dor, esses irmãos me diziam: "Pastor, nós estamos doentes". Há uma grande necessidade de cura e restauração nas igrejas.

CAPÍTULO 12

UMA COMUNIDADE QUE CURA

Além de ter a consciência de ser uma igreja que é corpo e família, também devemos ter a consciência de sermos uma comunidade que cura. Entretanto, como podemos ser uma igreja acolhedora, um lugar de vida?

Quais são as marcas de uma igreja saudável? Vejamos algumas dessas características:

Aceitação

Aqueles que foram aceitos em Cristo devem receber com efusividade todos que chegam à igreja. Aqueles que foram objetos do amor de Deus devem ser canais de Seu amor. No Novo Testamento, uma das atitudes mais belas demonstradas por uma personagem bíblica é a de Barnabé, chamado de *filho da consolação*.

Diz a Bíblia que o apóstolo Paulo, depois de ser perseguido em Damasco, rumou para Jerusalém, a igreja-mãe, a igreja dos apóstolos, esperando acolhida. Quando chegou a Jerusalém, foi recebido pelos discípulos com olhares de suspeita e aberta rejeição (At 9.26). Que fato lamentável! Não fora Barnabé, que apanhou e introduziu Paulo à igreja, o apóstolo não teria espaço algum na igreja de Jerusalém (At 9.27).

Em outra ocasião, na primeira viagem missionária, João Marcos acompanhou Barnabé, seu primo, e o apóstolo Paulo nessa inédita empreitada. Como era ainda um jovem imaturo, acabou largando a viagem no meio do caminho.

Na segunda viagem missionária, Barnabé queria levar João Marcos, mas Paulo, de forma irredutível, se negou a dar-lhe segunda chance. A situação ficou tão insustentável, que uma desavença se instalou entre Paulo e Barnabé, e eles não puderam caminhar mais juntos naquela viagem missionária. Barnabé não desistiu de investir na vida de João Marcos. Esse jovem amadureceu. Tornou-se o escritor do Evangelho Segundo Marcos e mais tarde cooperador do próprio apóstolo Paulo (2Tm 4.11).

Precisamos acolher os rejeitados. Do contrário, que evangelho pregamos? Acolher as pessoas agradáveis é muito simples.

Tiago denuncia o pecado de fazer acepção de pessoas na igreja (Tg 2.1-4). Ele fala acerca da presença de dois visitantes na igreja, um com anel bonito no dedo e roupas elegantes, e outro maltrapilho. Tiago alerta para o tratamento diferenciado que, às vezes, a igreja dispensa ao rico, abraçando com afeto o bem vestido e ignorando ou maltratando o desprovido de atrativos externos. A igreja tem de ser acolhedora para todos.

Compaixão

Precisamos ter compaixão pelos que sofrem. A igreja é lugar de solidariedade. A igreja de Jerusalém era tão terna e compassiva que seus membros chegavam a vender seus bens, colocando o valor obtido aos pés dos apóstolos, para que nenhuma necessidade em seu meio deixasse de ser suprida (At 2.45). Eles tinham tudo em comum.

É claro que devemos manter o equilíbrio para evitar a situação que Paulo denuncia em sua segunda carta aos tessalonicenses, quando muitos buscavam o abrigo da comunhão da igreja apenas para serem sustentados, vivendo como parasitas e sanguessugas (2Ts 3.10-13). Por isso, Paulo adverte: *Aquele que não quer trabalhar, que também não coma* (2Ts 3.10). Entretanto, precisamos ser muito mais sensíveis às pessoas trabalhadoras que passam por lutas e revezes na vida. Essas pessoas precisam de fato de sustento e apoio.

Como em todos os outros aspectos, nosso grande modelo de acolhimento é Cristo. Devemos acolher uns aos outros assim como Deus nos acolheu em Cristo.

Deixe que eu lhe apresente uma estatística. A *Standard Oil Company* fez uma pesquisa com os clientes. Sua indagação maior era: "Por que os clientes desaparecem?" A pesquisa chegou a alguns resultados:

- 1% desaparece porque morre.
- 3% desaparecem porque se mudam para um local distante.
- 5% desaparecem porque encontram um preço melhor.

- 9% desaparecem porque se decidem por outro serviço, por conveniências pessoais.
- 14% desaparecem por descontentamento pessoal.
- 68% desaparecem em razão do mau atendimento.

O sucesso das vendas reside no treinamento adequado dos funcionários, que devem aprender a tratar muito bem sua clientela. Não somos uma empresa: somos a igreja do Deus vivo. Não vendemos nada, mas sim oferecemos de graça o melhor que existe no mundo, o evangelho de Jesus Cristo.

Portanto, por causa da excelência do que temos a oferecer, devemos ser muito mais zelosos para acolher as pessoas. Como? Com várias pequenas atitudes. Fale com quem chega, converse para saber se é membro ou visitante. Não é possível que estejamos na igreja há cinco, dez, quinze anos e não saibamos quem é quem. No final do culto público, não vá embora, permaneça no pátio da igreja, interaja com as pessoas. Aborde as crianças, os adolescentes, os jovens, os adultos, os idosos. Quando encontrar alguém isolado em um canto, dê-lhe alguma atenção. E sorria. O sorriso torna você uma pessoa mais jovem, mais sociável, mais acolhedora. Sorria! É tão simples. A vida do cristão é uma vida de alegria. Mencione o nome das pessoas. Seja amável com elas. Se você quer ter amigos, seja amigo, tenha uma palavra boa, agradável, temperada com sal. Seja um aliviador de tensões. Seja um bálsamo para as pessoas. Seja um encorajador.

Precisamos ser parecidos com Jesus. Como saber se somos parecidos com Jesus? Qual era a marca de Jesus? Quem tinha contato com ele e se prostrava humildemente aos seus pés, em obediência e submissão, saía melhor, mais entusiasmado com a vida. Se alguém chegava triste, saía alegre; se estava quebrado, saía curado; se chegava desanimado, saía vibrando com a vida. A pergunta é: quando as pessoas conversam com você, elas saem mais animadas com a vida? Elas passam a ter esperança em Deus? Elas almejam uma nova vida?

Seja generoso nos elogios e cauteloso nas críticas: um elogio no tempo certo faz um bem imenso. Sua língua pode ser remédio para os aflitos. Suas mãos podem ser abençoadoras. Deus quer que tenhamos o coração aberto, as mãos abertas, os bolsos abertos e a casa aberta para acolher as pessoas. Só assim seremos uma igreja acolhedora, uma igreja que espelha o amor do nosso Pai, que nos acolheu em Cristo e nos deu razão para viver.

Sua opinião é
importante para nós.
Por gentileza, envie seus
comentários pelo *e-mail*
editorial@hagnos.com.br.

Visite nosso *site*: www.hagnos.com.br

Esta obra foi composta
nas fontes
Adobe Garamond Pro,
corpo 10 e 11, e Myriad Pro,
corpo 18 e 20;
e impressa na Imprensa da
Fé. São Paulo, Brasil,
verão de 2020.